ISBN 978-0-259-92254-4
PIBN 10621885

This book is a reproduction of an important historical work. Forgotten Books uses
state-of-the-art technology to digitally reconstruct the work, preserving the original format
whilst repairing imperfections present in the aged copy. In rare cases, an imperfection in
the original, such as a blemish or missing page, may be replicated in our edition. We do,
however, repair the vast majority of imperfections successfully; any imperfections that
remain are intentionally left to preserve the state of such historical works.

For support please visit www.forgottenbooks.com

1 MONTH OF
FREE
READING

at
www.ForgottenBooks.com

By purchasing this book you are eligible for one month membership to ForgottenBooks.com, giving you unlimited access to our entire collection of over 1,000,000 titles via our web site and mobile apps.

To claim your free month visit:

www.forgottenbooks.com/free621885

English
Français
Deutsche
Italiano
Español
Português

www.forgottenbooks.com

Mythology Photography **Fiction**
Fishing Christianity **Art** Cooking
Essays Buddhism Freemasonry
Medicine **Biology** Music **Ancient**
Egypt Evolution Carpentry Physics
Dance Geology **Mathematics** Fitness
Shakespeare **Folklore** Yoga Marketing
Confidence Immortality Biographies
Poetry **Psychology** Witchcraft
Electronics Chemistry History **Law**
Accounting **Philosophy** Anthropology
Alchemy Drama Quantum Mechanics
Atheism Sexual Health **Ancient History**
Entrepreneurship Languages Sport
Paleontology Needlework Islam
Metaphysics Investment Archaeology
Parenting Statistics Criminology
Motivational

Blackwoods' Leaving Certificate
Handbooks

HIGHER LATIN UNSEENS

LATIN UNSEENS

FOR THE

USE OF HIGHER FORMS AND UNIVERSITY STUDENTS

COMPILED, WITH INTRODUCTORY HINTS

ON TRANSLATION, BY

H. W. AUDEN, M.A.

ASSISTANT MASTER AT FETTES COLLEGE
LATE SCHOLAR OF CHRIST'S COLLEGE, CAMBRIDGE
AND BELL UNIVERSITY SCHOLAR

WILLIAM BLACKWOOD AND SONS
EDINBURGH AND LONDON
MDCCCXCVIII

PREFACE.

IN putting together this collection of extracts for Unseen Translation I have tried not to select *cruces* and catchy passages, but such as may aid pupils in acquiring a grasp of different authors, both their style and context, both for criticism and composition : *e.g.*, from Livy I have chosen, amongst others, three characters—a siege, a battle, a speech—for composition. For criticism, passages showing Livy's intimacy with Augustus, and his aristocratical tendencies, also his views on the origin of Latin comedy. I have followed out this principle in dealing with other authors : a list of points especially emphasised is given in the Appendix.

I have prefixed as introduction a few hints which I have found useful in teaching.

H. W. AUDEN.

EDINBURGH, 1897.

CONTENTS.

CONTENTS.   xi

HINTS ON TRANSLATING.

§ 1. By Translation in the ordinary sense of the term we mean the adequate representation of the sense of a passage, an expression of all the thoughts contained in it, in language such as a good English writer would have used ; neither a servilely literal version nor a vague verbose paraphrase. Above all things in translation the claims of your native language must be considered.

For the successful working out of an Unseen passage three things are necessary—

(*a*) Knowledge of vocabulary, grammatical forms and usages, and the methods of syntactical connection.

(*b*) Power to make out the *sense* of the passage, to grasp the points, the steps in the argument, to understand what the writer wished to say to his readers, to rightly estimate his point of view, his thoughts. [These two headings, (*a*) and (*b*), may be classified together as Construing.]

(*c*) Ability to represent these thoughts in a correct and intelligible translation, in such style as our best English authors would have used.

§ 2. As a general principle of translation, remember to try and get at the meaning by a direct method. A German philosopher[1] defined translation as " the death of the intelligence." By this he meant that the process commonly followed of taking a foreign word, thinking of the corresponding word in English and *then* thinking out the English meaning, is mere mechanical drudgery, in no way exercising the intellectual faculties. Language is the expression of *thoughts* in words, *i.e.*, in foreign symbols. A learner must try to associate the foreign symbols *directly* with the ideas or images they represent without going through the three-cornered method of foreign symbol → English word→English idea. The ideal gradation is foreign symbol→English idea. This direct method of translation implies a certain amount of familiarity with the language learnt, a certain instinct resulting from one's sum total of knowledge of Latin or Greek, a consciousness which enables one to say such and such an expression is not good Latin, although the actual reason why may not be apparent. This feeling for the language (*Sprachgefühl*), or in simple English, scholarship in its complete form, comes only by degrees, as the result of long and careful study, but its acquisition can be facilitated by remembering always in translation and re-translation that it is thoughts which are the units of speech, not words; when translating anything ask yourself, *Am I translating thoughts or words?* Translation of words produces a sort of hybrid English in which one can see the Latin a mile off — *e.g., persuasit Atheniensibus ut muris*

---

[1] Moritz Haupt.

ligneis se defenderent—"that they should"; *exercitum traduxit ut Græciam redigeret*—"in order that he might"; *dominatio maximarum gentium*—"kingship of" for "over"; *Hi cum minus valerent*—"These since they had less power."

§ 3. In accordance, then, with the principle that thoughts, not words, are the units to be translated, do not hesitate to express by a noun what Latin expresses by a relative clause or participle : English is abstract where Latin is concrete.

Quae res in nostris castris gererentur.	The position of affairs in our camp.
Id quod expetunt.	Their aim.
Id de quo agitur.	Our theme.
Quo nihil esse potest praestantius.	Incomparable.
Quod nihil habet excusationis.	Unpardonable.
Explorant quot sint hostes.	They ascertain the number of the enemy.

Taking the above-mentioned three requisites in detail—

§ 4. (*a*) Knowledge of *vocabulary*.—This can only be thoroughly acquired by extensive and careful reading of the classics. As to method, two points may be noticed.

In reading an author, mark at the side in some special way any word or construction which is new to you, and occasionally revise the vocabulary thus formed. A good rule, at any rate for "private reading," is "*never read anything without a pencil in your hand,*" with which either to mark words or constructions, to make analysis, or to underline passages important as throwing light on the subject matter, &c. School-books are cheap, and their disfigurement in a good cause is no great crime.

Secondly, try and be *exact*. Learn to recognise the exact usages of words both in Latin and Greek ; very few words are absolutely synonymous in either language, and often the right interpretation of a whole passage may depend on the knowledge of the original and proper meaning of a word or words. This exactness must be applied, too, to *tenses* and moods, especially in Greek. As instances of words in their exact sense, cf. *perdere*, to throw away ; ἐπιδεῖν, to live to see; *decertare*, to finish the strife ; *pilum*, the *Roman* missile (Lucan, i. 20)—*pila minantia pilis*, of civil war ; βλάπτειν, to hinder ; *referre*, to tell, but *deferre* to inform (as a spy) ; ἀποστερεῖν, to keep out of one's right ; *jactura*, deliberate sacrifice of a thing ; ἀξιόω, to claim ; *potentia*, power misused, &c. In tenses: ἐβασίλευσεν, he came to the throne ; *subvertebat*, he was beginning to overthrow. In moods : σκοπεῖν, to look at ; σκοπεῖσθαι consider, &c.

If in an unseen a word occurs which you do not know, consider firstly (*a*) its derivation, (*b*) the context, what meaning will make the best sense ; consider, too, the *exact* meaning of all the other words in its vicinity.

§ 5. (*b*) On the method of working out the sense of a passage.

Any preliminary knowledge of the contents of the extract will be useful. For this consider—

i. The name of the author (if given), and recapitulate mentally what you know about him.

ii. All allusions, noting the people, towns, historical events, &c., mentioned, anything which may give you a hint of the contents of the piece.

Your first duty is to find out what the writer wished to say, to understand his point of view, his innermost thoughts : remember that the speech-movement corresponds to the mind-movement, and to understand a man's words we must understand his thoughts, which may sometimes have been inadequately expressed by his speech.

Read through your passage several, at least seven, times, aloud if possible ; if not, read it to yourself as if you were reading it aloud. Pay especial attention to the opening sentences, as a mistake in these may involve a mistranslation of the whole passage. In reading consider carefully : (*a*) the *emphasis, accent,* the rhythmical connection of the different parts of the sentence ; also (*b*) *connecting particles*, especially those of transition.

It is useful to underline these or make a list of them ; it is absolutely necessary that you should have a clear idea of the various shades of meaning conveyed by connecting particles both in Latin and Greek.

§ 6. Having now got a vague idea of the general sense [1] of the passage, work out in more detail, taking,

---

[1] In trying to get first at the general sense, do not of course ride rough-shod over the details of grammar and syntax—be sure that the words will bear the meaning you put on them ; observe a mean between jumping at the sense and writing down bald senseless jargon.

sentence by sentence, period by period, three or four thoughts at a time.   This presupposes an acquaintance with the use of the period, especially the Latin period, with its characteristics of unity, symmetry, alternation of constructions, subordination to one central idea of ideas which in English would be placed co-ordinately. In doing Latin prose, and in fact in all composition, keep retranslation in view ; always think of how you get English into Latin, and you will find it easier to get Latin into English.

Also in reading Latin and Greek get into the way of deliberately summing up, thinking out, perhaps writing down a summary, a *précis* of what you have read, either a long passage, or by paragraphs and sentences, analysing first the main clause then the subordinate ones.   Thus in an unseen when you come across a difficult sentence, sum up the sense of the preceding sentence and the following one ; the *con-textus verborum* may make all clear.   A similar process was recommended above in the case of vocabulary (§ 4).   It is often useful in the case of involved clauses—*e.g.*, in Livy and Thucydides—to write down in the form of short statement-sentences *the facts* mentioned irrespective of their subordination ; by reviewing the facts, the ideas which were present to the writer's mind, it may become clear what was their relative importance to him, their degree of subordina-tion, and what is the sum total of impression which he wished to give—*e.g.*, Livy, vi. 1, § 1-3.

1. Main thought.   With the rebuilding of the city records become more trustworthy—*Clariora* . . . *exponentur*.

A. I have, says Livy, given in books i.-v. an historical account in order of Roman History.

B. It was a difficult task owing to—(i) obscurity caused by lapse of time ; (ii) want of adequate literary record at any time ; (iii) what fragmentary records there were perished when Rome was burned.

§ 7. Style of translation.

Style cannot be taught, but a good deal can be done towards acquiring facility in suitable and tasteful expression of Latin and Greek originals by constant practice in translation,[1] and by a careful study of the best English authors both in prose and verse.

The following list[2] may be useful:—

Historical and Narrative.
Prescott.
Gibbon.
Scott.
G. Eliot.
Froude.
Macaulay.
Stevenson.

Reflective.
Stevenson (Essays).
Hume.
Macaulay (Essays).
Newman (Essays).

Kinglake, Eothen.
Addison, Sir Roger de Coverley.
Ruskin (simpler works).
Kingsley (Essays).
Lamb, Elia.
Symonds (Essays).
De Quincey.

Oratorical.
Burke.
John Bright.
Curran.
Erskine.
Brougham.

---

[1] For translation as an agent in improving style cf. Cicero and Lord Brougham, who both laid great stress on this practice and attributed a great measure of their success to it. Cf. too Prof. Dettweiler : "In England schreibt man die vortreffliche Ausdrucksweise der Gentry den ausgedehnten Uebersetzungsübungen zu."

[2] Compiled from suggestions kindly furnished by several teachers of experience.

Some of these authors should be read carefully and frequently, and an attempt be made to ascertain what it is in them that renders their style attractive.

In translating into ordinary English periodic style, boys tend to be either too colloquial or too stilted; what is wanted is the mean between these two extremes. Make up your mind what you want to say before you put pen to paper; remember Cato's dictum, *rem tene, verba sequentur.*

Having formed your idea, try and get *exactly the right word* with which to express it. "As there is only one essence of things, so there is only one form of expression for that essence; matching the far-fetched conception there is the dear-bought word;" "it is a conviction of mine," says Flaubert, "that if you are hunting after a figure or expression which will not come, it is *because you have not the idea.*"

§ 8. Be very careful to always read through what you have written to ensure smoothness of diction.
Write nothing harsh.
Avoid rough collocations of words or letters, and be careful of alliteration.[1]

§ 9. On translating special authors.
In addition to the general principles given above,

---

[1] Cf. Stevenson, 'Across the Plains,' p. 181, on "the influence of jingling words" as "one of the accustomed artifices of his trade," on "the power of the alternation of initial *p* and mediant *t*" as showing "that at the root of what appears there lie most serious unsuspected elements."

the following supplementary comparisons are usually made :—

Homer, Pindar. — Cf. the language of the Old Testament prophets. Use simple thoroughly English words rather than Latin derivations. Butcher and Lang's translation of the Odyssey is unsurpassed.

Theocritus.—Cf. Tennyson.   Translation : Lang.

Horace, Odes.—Cf. Tennyson, In Memoriam.

Horace, Epistles, Satires.—Cf. Pope, Addison.

Ovid, Tibullus, Propertius.—Court poets ; technique of versification elaborate ; cf. any good modern poetry.

N.B.—For the successful translation of Latin and Greek verse, training in verse composition is of the *utmost importance.*

Thucydides. — Cf. Prescott, Conquest of Peru and Mexico. Crawley's translation is good.

Plato.—Cf. Stevenson, Ruskin, Symonds.   Davies and Vaughan's translation of the Republic may be taken as a type of suitable style.

Demosthenes.—The model translation is Kennedy's.

Sophocles, Æschylus, Euripides.—Cf. Shakespeare.   As a model of translation of tragedy, Jebb's Sophocles may be taken.

Virgil, Æneid. — Cf. Milton, Paradise Lost.   Translations : Mackail and Conington.

§ 10. Miscellaneous Hints.

In translation, especially of verse, keep the order of the original as far as is consistent with good English ; this especially applies to Greek verse, notably Homer, Pindar, and the choruses of tragedy — *e.g.,* Soph. Antig. 824.

ἤκουσα δὴ λυγροτάταν ὀλέσθαι	I have heard in other days how
τὰν Φρυγίαν ξέναν	dread a doom befell our Phrygian
Ταντάλου Σιπύλῳ πρὸς ἄκρῳ.	guest, the daughter of Tantalus,
	on the Sipylian heights.—Jebb.

Τύριον οἶδμα λιποῦσ' ἔβαν
ἀκροθίνια Λοξίᾳ
Φοινίσσας ἀπὸ νάσου
Φοίβῳ δοῦλα μελάθρων.
—Eur. Phoen. 202.

From the Tyrian wave came I, chosen first-fruits for Loxias, even from the isle of Phœnice, to serve Phœbus in his courts.

§ 11. Break up long Greek and Latin sentences where necessary, translating participles as finite verbs; making the dependent clauses into distinct sentences. This is most necessary in Livy, Cicero, and Thucydides.

Hannibal cum Saguntum expugnavisset Alpibus superatis in Italiam descendit.—Livy.

Gallis magno ad pugnam erat impedimento quod pluribus eorum scutis uno ictu pilorum transfixis cum ferrum se inflexisset neque evellere neque sinistra impedita satis commode pugnare poterant, multi ut dius iactato bracchio praeoptarent scutum manu emittere et nudo corpore pugnare. —Cæs.

Hannibal destroyed Saguntum, crossed the Alps, and then marched down into Italy.

The following circumstance considerably hindered the movements of the Gauls in battle. Two or more of their shields frequently got pierced by one javelin, the iron head of which got bent and they could neither draw it out nor fight comfortably with such an encumbrance on their left arm. Consequently several after shaking their arm about for some time preferred to loose their shields, and fight with their bodies unprotected.

Latin historians prefer one long period, where in English we should use two or more shorter sentences, —e.g., Livy, xliii. 18, 1-4.

Perseus principio hiemis egredi Macedoniae finibus non ausus, ne qua in regnum vacuum irrumperent Romani,

During the early months of the winter season, Perseus hesitated to pass out of Macedonia and leave his kingdom unprotected, fearing that by so doing he would provoke an inroad on the part of the Romans.

sub tempus brumae, cum inex-superabiles ab Thessalia montes nivis altitudo facit, occasionem esse ratus frangendi finitimorum spes animosque, ne quid averso se in Romanum bellum periculi ab eis esset,

However, in midwinter, when the deep snow on the mountains makes all ingress from the side of Thessaly impossible, he thought the time had arrived for crushing the ambitious designs of the neighbouring nations. He wished, too, that during his war with Rome his rear might be safe from all attacks by them.

cum a Thracia pacem Cotys, ab Epiro Cephalus repentina defectione ab Romanis praestarent, Dardanos recens domuisset bellum, solum infestum esse Macedoniae latus, quod ab Illyrico pateret, cernens, neque ipsis quietis Illyriis et aditum praebentibus Romanis,

In neither Thrace nor Epirus was there any likelihood of warlike movement against him, as Cotys and Cephalus, the respective rulers of these countries, had very recently revolted from Rome, whilst the Dardani had been reduced in the late war; one side only of Macedonia he saw was threatened—that towards Illyria; indeed the Illyrians themselves were in an unsettled state, and quite ready to allow the Romans entrance into their territory.

si domuisset proximos Illyriorum Gentium quoque regem iam diu dubium in societatem perlici posse,

Had Perseus, however, conquered the more contiguous provinces of that nation, he hoped to gain the alliance of their king as well, Gentius by name, who had for some time been wavering in his allegiance.

cum decem milibus peditum, ... profectus Stuberram venit.

All these circumstances induced him to set out for Stuberra, which he soon reached with a force of ten thousand infantry.

§ 12. Avoid the word *thing;* translate freely according to the context. Some substitutes—"considerations," "facts," "circumstances"; "aim," "juncture," "result," &c.

§ 13. Repeat the logical subject or object in some cases to ensure clearness. The English want of inflexions makes this often necessary—*e.g.*, HOM., Il. x. 314.

ἦν δέ τις . . . Δόλων, Εὐμήδεος υἱός, κήρυκος θείοιο.	Now there was a certain Dolon, son of *Eumedes*, *Eumedes* herald of the gods.
Me . . . ᴗ vilis rudem belli tulit aestus in arma, Caesaris Augusti non responsura lacertis. —HOR. Ep. ii. 2. 46.	The tide of cruel strife bare me on to take *arms*—raw youth that I was — *arms* that could prove no match for Cæsar's strength.
ἐέσσατο δέρμα λέοντος, αἴθωνος μεγάλοιο, ποδηνεκές. —Il. x. 24.	He donned *the skin* of a lion tawny and huge, *a skin* that reached to his feet.
Lucisne hanc usuram eripere vis, plenam lacrimarum, &c. —CIC. Pro Sulla.	Will you rob my client of *the right* to enjoy the light of heaven, *a right* full of tears and trouble?

Similarly clearness is produced by substituting for pronouns[1] the proper names of the people represented or their titles—*e.g.*, for *ille* in narrative often, "the leader," "the general," "the speaker," &c.

§ 14. A knowledge of scansion is necessary for translating Greek and Latin verse, otherwise it is impossible to grasp the emphasis of a sentence properly. Although you may be quite confident of

[1] A medical professor famed for the lucidity of his lectures, when asked how he produced that lucidity replied, "I never use pronouns."

your knowledge of scansion, it is best to scan in detail any line where there is a difficulty, especially such Latin lines as contain ă—*e.g.*—

Dura bipenni
Limina perrumpit.
—Æn., ii. 479.

where at first sight *dura* seems to go naturally with *bipenni*.

§ 15. Be careful in your use of *thou* and *you*. Use thou in Homer, Pindar, tragic choruses, and (with limitations) in dialogue of tragedy. Shakespeare varies in his use of "thou" in his tragedies; in the more pathetic and solemn passages it seems always to occur. Having decided, before you begin to translate, whether you use thou or you, keep to your choice consistently; do not use both, as very often happens.

§ 16. Frequently translate the relative or relatival clauses by a demonstrative phrase with a suitable conjunction, *qui=et is*, so also *qua in re*="consequently," "under these circumstances." Cf. *quam ab rem, qua de causa*, &c. The judicious addition of "then," "so," "whilst," "yet," "subsequently," "however," "consequently," &c., will often serve to round off and give clearness to the English sentence without doing violence to the Latinity of the passage.

§ 17. Be careful of the translation of the Greek aorist. The aorist states the mere occurrence of an act without reference to continuousness; it is a "momentary" tense, hence as a rule translate—

ταῦτα πράξας ἀπῆλθε.	He did this and went away.
ὡς ἐιπὼν τάφροιο δίεσσυτο.	Thus spake he and leaped o'er the trench.

§ 18. Do not hesitate to substitute active for passive, or *vice versa*. In Latin the passive is much commoner than the active.

In ius vocari.	To come before the court.
Putabant Caesarem a Pompeio victum esse.	They imagined that Pompey had beaten Cæsar.
Aegre sustentatum est.	They held their ground with difficulty.
Interfici.	To meet one's death.
Quo effectum est ut.	The result was that.
His rebus delector.	I am glad.

§ 19. Adjectives must often be expanded by means of a substantive of explanation—

Bona institutio.	The good results of education.
Malum frigus.	The evil effects of the cold.

So, too, a mere epithet—

Liberrime Lolli.	My frank friend Lollius.

§ 20. Translate *O Maecenas* by Maecenas, ὦ Σώκρατες, Socrates; O or ὦ are usually omitted, only where we in English should insert O—*i.e.*, to express surprise or protestation.

§ 21. Translate Latin and Greek verse into prose

unless a verse translation is specially asked for. But verse *quotations* in a prose extract should, as a rule, be translated into verse.

§ 22. The ablative absolute in Latin (and in a less degree the genitive absolute in Greek) needs special care—*e.g.*, *his factis* may mean—(i) when this was done; (ii) since this was done; (iii) he did this and; (iv) if this were done; (v) by doing this (instrumental); (vi) although this was done. The context alone can decide what is the exact meaning in a passage.

§ 23. Unless notes are specially asked for, only give such as are absolutely necessary to make your translation intelligible to an English reader. Notes should be very brief and to the point; they should as a rule be written in the margin, never interpolated into the text.

§ 24. In conclusion, to sum up—
1. Translate thoughts, not words.
2. Read your translation carefully through to ensure its being (*a*) sense, (*b*) English.

HIGHER LATIN UNSEENS.

I.

MARCELLUS, non suam sententiam impugnari, sed consulem designatum censuisse, dicebat, secundum vetera exempla, quae sortem legationibus posuissent, ne ambitioni aut inimicitiis locus foret. Nihil evenisse, cur antiquitus instituta exolescerent: aut principis honor in cuiusquam contumeliam verteretur: sufficere omnes obsequio: id magis vitandum, ne pervicacia quorumdam irritaretur animus, novo principatu suspensus, et vultus quoque ac sermones omnium circumspectans. Se meminisse temporum, quibus natus sit, quam civitatis formam patres avique instituerint: ulteriora mirari, praesentia sequi: bonos imperatores voto expetere, qualescumque tolerare. Non magis sua oratione Thraseam, quam iudicio senatus, afflictum. Saevitiam Neronis per huiusmodi imagines illusisse: nec minus sibi anxiam talem amicitiam, quam aliis exsilium. Denique constantia, fortitudine, Catonibus et Brutis aequaretur Helvidius: se unum esse ex illo

A

senatu, qui simul servierit.   Suadere etiam Prisco, ne
supra principem scanderet : ne Vespasianum, senem
triumphalem, iuvenum liberorum patrem, praeceptis
coerceret.   Quomodo pessimis imperatoribus sine fine
dominationem, ita quamvis egregiis modum libertatis,
placere.   Haec, magnis utrimque contentionibus iac-
tata, diversis studiis accipiebantur.   Vicit pars, quae
sortiri legatos malebat, etiam mediis patrum anniten-
tibus retinere morem.   Et splendidissimus quisque
eodem inclinabat, metu invidiae, si ipsi eligerentur.

2.

Thessalia, infelix, quo tanto, crimine tellus,
Laesisti superos, ut te tot mortibus unam,
Tot scelerum fatis premerent?   Quod sufficit aevom,
Immemor ut donet belli tibi damna vetustas?
Quae seges infecta surget non decolor herba?
Quo non Romanos violabis vomere manes?
Ante novae venient acies, scelerique secundo
Praestabis nondum siccos hoc sanguine campos.
Omnia maiorum vertamus busta licebit,
Et stantes tumulos, et qui radice vetusta
Effudere suas, victis compagibus, urnas :
Plus cinerum Haemoniae sulcis telluris aratur,
Pluraque ruricolis feriuntur dentibus ossa.
Nullus ab Emathio religasset litore funem
Navita, nec terram quisquam movisset arator,
Romani bustum populi : fugerentque coloni
Umbrarum campos : gregibus dumeta carerent :
Nullusque auderet pecori permittere pastor
Vellere surgentem de nostris ossibus berbam ;

Ac, velut impatiens hominum vel solis iniqui
Limite vel glacie, nuda atque ignota iaceres,
Si non prima nefas belli, sed sola, tulisses.
O superi, liceat terras odisse nocentis.
Quid totum premitis, quid totum solvitis orbem?
Hesperiae clades, et flebilis unda Pachyni,
Et Mutina, et Leucas puros fecere Philippos.

3.

Hippias nuper ad tuendum saltum ab rege missus
erat ; qui ex quo castra Romana in tumulo conspexit,
praeparatis ad certamen animis snorum venienti agmini
consulis obvins fuit.   Et Romani expediti ad pugnam
exierant et hostes : levis armatura erat, promptissimum
genus ad lacessendum certamen.   Congressi igitur
extemplo tela coniecerunt ; multa utrimque vulnera
temerario incursu et accepta et illata : pauci utriusque
partis ceciderunt.   Irritatis in posterum diem animis
maioribus copiis atque infestius concursum ab illis, si
loci satis ad explicandam aciem fuisset : iugum montis
in angustum dorsum cuneatum vix ternis ordinibus
armatorum in fronte patuit.   Itaque paucis pugnanti-
bus cetera multitudo, praecipue qui gravium armorum
erant, spectatores pugnae stabant : levis armatura
etiam per amfractus iugi procurrere, et ab lateribus
cum levi armatura conserere, per iniqua atque aequa
loca pugnam petere.   Ac pluribus ea die vulneratis
quam interfectis proelium nocte diremptum est.

4.

(*a*) Dotatae uxori cor harundine fixit acuta,
      Sed dum ludit Aper : ludere novit Aper.

(*b*) Nuper erat medicus nunc est vespillo Diaulus
      Quod vespillo facit fecerat et medicus.

(*c*) Si tibi Mistyllus coquus Æmiliane vocatur
      Dicetur quare non ·Taratalla mihi ?

(*d*) Morio dictus erat : viginti milibus emi.
      Redde mihi nummos, Gargiliane : sapit.

5.

Qui igitur convenit, quae causa fuerit ad constitu-endum iudicium, eamdem moram esse ad iudicandum ? Si quis, quod spopondit, (qua in re verbo se uno obligavit) id non facit, maturo iudicio, sine ulla religione indicis, condemnatur : qui per tutelam, aut societatem, aut rem mandatam, aut fiduciae rationem, fraudavit quempiam, in eo, quo delictum maius est, eo poena est tardior. Est enim turpe iudicium, et facto quidem turpe. Videte igitur, quam inique accidat, quia res indigna sit, ideo turpem existimationem sequi ; quia turpis existimatio sequatur, ideo rem indignam non iudicari.

At si quis mihi hoc iudex recuperatorve dicat ; "Potuisti enim leviore actione confligere : potuisti ad tuum ius faciliore et commodiore iudicio pervenire : quare aut muta actionem, aut noli mihi instare, ut

iudicem;" tamen is aut timidior videatur, quam fortem,
aut cupidior, quam sapientem iudicem esse aequum
est, si aut mihi praescribat, quemadmodum meum ius
persequar, aut ipse id, quod ad se delatum sit, non
audeat iudicare. Etenim, si praetor is, qui iudicia dat,
nunquam, petitori praestituit, qua actione illum uti
velit; videte, quam iniquum sit, constituta iam re,
iudicem, quid agi potuerit, aut quid possit, non quid
actum sit, quaerere.

6.

Magna petis, Phaëthon, et quae nec viribus istis
Munera conveniant nec tam puerilibus annis.
Sors tua mortalis. Non est mortale quod optas.
Plus etiam, quam quod superis contingere fas est,
Nescius affectas. Placeat sibi quisque licebit,
Non tamen ignifero quisquam consistere in axe
Me valet excepto. Vasti quoque rector Olympi,
Qui fera terribili iaculatur fulmina dextra,
Non agat hos currus. Et quid Iove maius habemus?
Ardua prima via est et qua vix mane recentes
Enitantur equi. Medio est altissima caelo,
Unde mare et terras ipsi mihi saepe videre
Fit timor, et pavida trepidat formidine pectus.
Ultima prona via est et eget moderamine certo:
Tunc etiam quae me subiectis excipit undis,
Ne ferar in praeceps, Tethys solet ipsa vereri.
Adde quod assidua rapitur vertigine caelum
Sideraque alta trahit celerique volumine torquet.
Nitor in adversum, nec me qui cetera, vincit
Impetus, et rapido contrarius evehor orbi.

Finge datos currus : quid ages ? poterisne rotatis
Obvins ire polis, ne te citus auferat axis ?
Forsitan et lucos illic urbesque deorum
Concipias animo delubraque ditia donis
Esse ?

7.

At Romae, non Treveros modo et Æduos, sed
quatuor et sexaginta Galliarum civitates descivisse :
assumtos in societatem Germanos : dubias Hispanias :
cuneta, ut mos famae, in maius credita. Optimus
quisque, reipubl. cura, moerebat : multi odio praesen-
tium, et cupidine mutationis, suis quoque periculis
laetabantur : increpabantque Tiberium, quod, in tanto
rerum motu, libellis accusatorum insumeret operam.
An Iulium Sacrovirum maiestatis crimine reum in
senatu fore ? exstitisse tandem viros, qui cruentas
epistolas armis cohiberent : miseram pacem vel bello
bene mutari.   Tanto impensius in securitatem compositus, neque loco neque vultu mutato, sed, ut solitum, per illos dies egit : altitudine animi, an comper-
erat, modica esse et vulgatis leviora ?

8.

Inde ubi quarta sitim caeli collegerit hora
Et cantu querulae rumpent arbusta cicadae,
Ad puteos aut alta greges ad stagna iubebo
Currentem ilignis potare canalibus undam ;
Aestibus at mediis umbrosam exquirere vallem,
Sicubi magna Iovis antiquo robore quercus

Ingentis tendat ramos, aut sicubi nigrum
Ilicibus crebris sacra nemus accubet umbra ;
Tum tenuis dare rursus aquas, et pascere rursus
Solis ad occasum, cum frigidus aëra vesper
Temperat, et saltus reficit iam roscida luna.
Litoraque alcyonem resonant, acalanthida dumi.
    Quid tibi pastores Libyae, quid pascua versu
Prosequar et raris habitata mapalia tectis ?
Saepe diem noctemque et totum ex ordine mensem
Pascitur itque pecus longa in deserta sine ullis
Hospitiis : tantum campi iacet.

9.

Caelo supinas si tuleris manus
Nascente Luna, rustica Phidyle,
    Si thure placaris et horna
        Fruge Lares avidaque porca,

Nec pestilentem sentiet Africum
Fecunda vitis nec sterilem seges
    Robiginem aut dulces alumni
        Pomifero grave tempus anno.

Nam quae nivali pascitur Algido
Devota quercus inter et ilices
    Aut crescit Albanis in herbis
        Victima pontificum secures

Cervice tinget : te nihil attinet
Tentare multa caede bidentium
    Parvos coronantem marino
        Rore deos fragilique myrto.

Immunis aram si tetigit manus,
Non sumptuosa blandior hostia
Mollivit aversos Penates
Farre pio et saliente mica.

10.

Piso igitur hoc modo, vir optimus, tuique (ut scis)
amantissimus.   Nos, paucis ad haec additis, finem
faciamus aliquando : longum est enim ad omnia re-
spondere, quae a te dicta sunt.   Nam, ex iisdem verborum praestigiis, et regna nata vobis sunt, et imperae
et divitiae, et tantae quidem, ut omnia, quae ubique
sint, sapientis esse dicatis.   Solum praeterea formosum,
solum liberum, solum civem : stultorum omnia contraria, quos etiam insanos esse vultis.   Haec παράδοξα
illi, nos admirabilia dicamus.   Quid autem habent
admirationis, cum prope accesseris?   Conferam tecum,
quam cuique verbo rem subicias : nulla erit contro-
versia.   Omnia peccata paria dicitis.   Non ego tecum
iam ita loquar, ut iisdem his di rebus, cum L. Murae-
nam, te accusante, defenderem.   Apud imperitos tum
illa dicta sunt : aliquid etiam coronae datum : nunc
agendum est subtilius.   Peccata paria, quonam modo?
Quia nec honesto quidquam honestius, nec turpi turpius.   Perge porro : nam de isto magna dissensio est.
Illa argumenta propria videamus, cur omnia peccata
sint paria.   Ut, inquit, in fidibus plurimis, si nulla
carum ita contenta numeris sit, ut concentum servare
possit, omnes aeque incontentae sunt ; sic peccata,
quia discrepant, aeque discrepant : paria sunt igitur,
Hic ambiguo ludimur.   Æque enim contingit omnibus

fidibus, ut incontentae sint : illud non continuo, ut
aeque incontentae. Collatio igitur ista te nihil iuvat :
nec enim, omnes avaritias si aeque avaritias esse dixeri-
mus, sequitur etiam ut aequas esse dicamus.

II.

Suave, mari magno turbantibus aequora ventis,
E terra magnum alterius spectare laborem ;
Non quia vexari quemquamst iucunda voluptas,
Sed quibus ipse malis careas quia cernere suave est :
Suave etiam belli certamina magna tueri
Per campos instructa, tua sine parte perieli
Sed nil dulcius est, bene quam munita tenere
Edita doctrina sapientum templa serena,
Despicere unde queas alios passimque videre
Errare atque viam palantis quaerere vitae,
Certare ingenio, contendere nobilitate,
Noctes atque dies niti praestante labore
Ad summas emergere opes rerumque potiri.
O miseras hominum mentes, O pectora caeca !
Qualibus in tenebris vitae quantisque periclis
Degitur hoc aevi quodcumquest ! nonne videre
Nil aliud sibi naturam latrare, nisi ut, cui
Corpore seiunctus dolor absit, menti' fruatur
Iucundo sensu, cura semotu' metuque ?
Ergo corpoream ad naturam pauca videmus
Esse opus omnino, quae demant cumque dolorem,
Delicias quoque uti multas substernere possint.

12.

"Quadringenta tibi non sunt, Chaerestrate : surge,
  Leïtus ecce venit : st ! fuge, curre, late."
Ecquis, io, revocat discedentemque reducit ?
  Ecquis, io, largas pandit amicus opes ?
Quem chartis famaeque damus populisque loquendum ?
  Quis Stygios non vult totus adire lacus ?
Hoc, rogo, non melius, quam rubro pulpita nimbo
  Spargere et effuso permaduisse croco ?
Quam non sensuro dare quadringenta caballo,
  Aureus ut Scorpi nasus ubique micet ?
O frustra locuples, O dissimulator amici,
  Haec legis et laudas ? Quae tibi fama perit !

13.

Fabius contione extemplo advocata obtestatus milites
est, ut, qua virtute rem publicam ab infestissimis hostibus defendissent, eadem se, cuius duetu auspicioque
vicissent, ab inpotenti crudelitate dictatoris tutarentur :
venire amentem invidia, iratum virtuti alienae felicitati-
que ; furere, quod se absente res publica egregie gesta
esset ; malle, si mutare fortunam posset, apud Samnites
quam Romanos victoriam esse ; imperium dictitare
spretum, tamquam non eadem mente pugnari vetuerit,
qua pugnatum doleat : et tunc invidia inpedire virtutem
alienam voluisse cupidissimisque arma ablaturum fuisse
militibus, ne se absente moveri possent, et nunc id
furere, id aegre pati, quod sine L. Papirio non inermes,
non manci milites fuerint, quod se Q. Fabius magistrum
equitum duxerit ac non accensum dictatoris. Quid

illum facturum fuisse, si, quod belli casus ferunt Mars-
que communis, adversa pugna evenisset, qui sibi de-
victis hostibus, re publica bene gesta, ita ut non ab illo
unico duce melius geri potuerit, supplicium magistro
equitum minetur! Neque illum magistro equitum in-
festiorem quam tribunis militum, quam centurionibus,
quam militibus esse. Si posset, in omnes saeviturum
fuisse; quia id nequeat, in unum saevire; etiam invidiam tamquam ignem summa petere; in caput consilii, in ducem incurrere. Si se simul cum gloria rei
gestae extinxisset, tunc victorem, velut in capto exercitu
dominantem, quidquid licuerit in magistro equitum, in
militibus ausurum. Proinde adessent in sua causa
omnium libertati. Si consensum exercitus eundem, qu
in proelio fuerit, in tuenda victoria videat, et salutem
unius omnibus curae esse, inclinaturum ad clementiorem
sententiam animum. Postremo se vitam fortunasque
suas illorum fidei virtutique permittere.

14.

Quid iuvat immensum te argenti pondus et auri
Furtim defossa timidum deponere terra?
Quod si comminuas, vilem redigatur ad assem.
At, ni id fit, quid habet pulchri constructus acervus?
Milia frumenti tua triverit area centum,
Non tuus hoc capiet venter plus ac meus; ut si
Reticulum panis venales inter onusto
Forte vehas humero, nihilo plus accipias quam
Qui nil portarit. Vel dic, quid referat intra
Naturae fines viventi, iugera centum an
Mille aret? At suave est ex magno tollere acervo.

Dum ex parvo nobis tantundem haurire relinquas,
Cur tua plus laudes cumeris granaria nostris ?
Ut tibi si sit opus liquidi non amplius urna
Vel cyatho et dicas : Magno de flumine mallem
Quam ex hoc fonticulo tantundem sumere.   Eo fit,
Plenior ut si quos delectet copia iusto,
Cum ripa simul avulsos ferat Aufidus acer.
At qui tantuli eget, quanto est opus, is neque limo
Turbatam haurit aquam neque vitam amittit in undis.

15.

Semper haec, quae Graeci 'Αντίθετα nominant, cum
contrariis opponuntur contraria, numerum oratorium
necessitate ipsa efficiunt, et eum sine industria.   Hoc
genere antiqui iam ante Isocratem delectabantur, et
maxime Gorgias ; cuius in oratione plerumque efficit
numerum ipsa concinnitas.   Nos etiam in hoc genere
frequentes, ut illa sunt in quarto accusationis : " Con-
ferte hanc pacem cum illo bello ; huius praetoris ad-
ventum cum illius imperatoris victoria ; huius cohortem
impuram cum illius exercitu invicto ; huins libidines
cum illius continentia : ab illo, qui cepit, conditas ; ab
hoc, qui constitutas accepit, captas dicetis Syracusas."
Ergo et hi numeri sint cogniti.

Genus illud tertium explicetur, quale sit, numerosae
et aptae orationis ; quod qui non sentiunt, quas aures
habeant, aut quid in his hominis simile sit, nescio.
Meae quidem et perfecto completoque verborum ambitu
gaudent, et curta sentiunt, nec amant redundantia
Quid dico meas ? contiones saepe exclamare vidi, cum
apte verba cecidissent : id enim exspectant aures, ut

verbis colligentur sententiae. Non erat hoc apud antiquos. Et quidem nihil aliud fere non erat : nam et verba eligebant, et sententias graves et suaves reperiebant ; sed eas aut vinciebant aut explebant parum.

"Hoc me ipsum delectat," inquiunt. Quid si antiquissima illa pictura paucorum colorum magis, quam haec iam perfecta, delectet ? illa nobis sit, credo, repetenda : haec scilicet repudianda. Nominibus veterum gloriantur. Habet autem, ut in aetatibus auctoritatem senectus, sic in exemplis antiquitas ; quae quidem apud me ipsum valet plurimum : nec ego id, quod deest antiquitati, flagito potius, quam laudo, quod est : præsertim cum ea maiora iudicem, quae sunt, quam illa, quae desunt. Plus est enim in verbis et in sententiis boni, quibus illi excellunt, quam in conclusione sententiarum, quam non habent.

16.

Frigora iam zephyri minuunt, annoque peracto
Longior antiquis visa Tomitis hiems,
Inpositamque sibi qui non bene pertulit Hellen,
Tempora nocturnis aequa diurna facit.
Iam violam puerique legunt hilaresque puellae,
Rustica quae nullo nata serente venit ;
Prataque pubescunt variorum flore colorum,
Indocilique loquax gutture vernat avis ;
Utque malae matris crimen deponat, hirundo
Sub trabibus cunas tectaque parva facit ;
Herbaque, quae latuit Cerealibus obruta sulcis,
Exit et expandit molle cacumen humo ;
Quoque loco est vitis, de palmite gemma movetur :

Nam procul a Getico litore vitis abest;
Quoque loco est arbor, turgescit in arbore ramus:
Nam procul a Geticis finibus arbor abest.
Otia nunc istic, iunctisque ex ordine ludis
Cedunt verbosi garrula bella fori.
Usus equi nunc est, levibus nunc luditur armis,
Nunc pila, nunc celeri volvitur orbe trochus,
Nunc, ubi perfusa est oleo labente, iuventus
Defessos artus Virgine tinguit aqua.
Scaena viget, studiisque favor distantibus ardet,
Proque tribus resonant terna theatra foris.

17.

"Quid nobis," inquis, "cum epistola? parumne tibi
praestamus, si legimus epigrammata? quid hic porro
dicturus es, quod non possis versibus dicere? Video
quare tragoedia atque comoedia epistolam accipiant, quibus pro se loqui non licet: epigrammata curione non
egent et contenta sunt sua lingua: in quacunque pagina
visum est, epistolam faciunt. Noli ergo, si tibi videtur,
rem facere ridiculam et in toga saltantem inducere personam. Denique videris, an te delectet contra retiarium
ferula. Ego inter illos sedeo qui protinus reclamant."
Puto me hercules, Deciane, verum dicis. Quid, si scias,
cum qua et quam longa epistola negotium fueris habitu-
rus? Itaque quod exigis fiat. Debebunt tibi si qui in
hunc librum inciderint, quod ad primam paginam non
lassi pervenient.

18.

L. Quo te, Moeri, pedes? an, quo via ducit, in
  urbem?
M. O Lycida, vivi pervenimus, advena nostri
(Quod numquam veriti sumus) ut possessor agelli
Diceret "haec mea sunt; veteres migrate coloni."
Nunc vieti tristes, quoniam Fors omnia versat,
Hos illi (quod nec vertat bene) mittimus haedos.
  L. Certe equidem audieram, qua se subducere
  colles
Incipiunt mollique iugum demittere clivo,
Usque ad aquam et veteres iam fracta cacumina fagos
Omnia carminibus vestrum servasse Menalcan.
  M. Audieras: et fama fuit; sed carmina tantum
Nostra valent, Lycida, tela inter Martia, quantum
Chaonias dicunt aquila veniente columbas.
Quod nisi me quacumque novas incidere lites
'Ante sinistra cava monuisset ab ilice cornix,
Nec tuus hic Moeris nec viveret ipse Menalcas.
  L. Heu, cadit in quemquam tantum scelus? heu,
  tua nobis
Paene simul tecum solacia rapta, Menalca?
Quis caneret nymphas? quis humum florentibus herbis
Spargeret, aut viridi fontes induceret umbra?
Vel quae sublegi tacitus tibi carmina nuper,
Cum te ad delicias ferres Amaryllida nostras:
"Tityre, dum redeo (brevis est via) pasce capellas
Et potum pastas age, Tityre, et inter agendum
Occursare capro (cornu ferit ille) caveto."

19.

Qualem ministrum fulminis alitem,
Cui rex deorum regnum in aves vagas
   Permisit expertus fidelem
      Iuppiter in Ganymede flavo,

Olim iuventas et patrius vigor
Nido laborum propulit inscium,
   Vernique iam nimbis remotis
      Insolitos docuere nisus

Venti paventem, mox in ovilia
Demisit hostem vividus impetus,
   Nunc in reluctantes dracones
      Egit amor dapis atque pugnae

Qualemve laetis caprea pascuis
Intenta fulvae matris ab ubere
   Iam lacte depulsum leonem
      Dente novo peritura vidit:

Videre Raetis bella sub Alpibus
Drusum gerentem Vindelici; quibus
   Mos unde deductus per omne
      Tempus Amazonia securi

Dextras obarmet, quaerere distuli,
Nec scire fas est omnia; sed diu
   Lateque victrices catervae
      Consiliis iuvenis revictae

Sensere, quid mens rite, quid indoles
Nutrita faustis sub penetralibus
    Posset, quid Augusti paternus
        In pueros animus Nerones.

20.

Ceteris servis non in nostrum morem discriptis per
familiam ministeriis utuntur: suam quisque sedem,
suos penates regit. Frumenti modum dominus aut
pecoris aut vestis ut colono iniungit, et servus hactenus
paret: cetera domus officia uxor ac liberi exsequuntur.
Verberare servum ac vinculis et opere coercere rarum:
occidere solent, non disciplina et severitate, sed impetu
et ira, ut inimicum, nisi quod impune est. Liberti
non multum supra servos sunt, raro aliquod momen-
tum in domo, numquam in civitate, exceptis dumtaxat
iis gentibus quae regnantur. Ibi enim et super in-
genuos et super nobiles ascendunt: apud ceteros im-
pares libertini libertatis argumentum sunt.

Faenus agitare et in usuras extendere ignotum;
ideoque magis servatur quam si vetitum esset. Agri
pro numero cultorum ab universis in vices occupantur,
quos mox inter se secundum dignationem partiuntur;
facilitatem partiendi camporum spatia praebent. Arva
per annos mutant, et superest ager. Nec enim cum
ubertate et amplitudine soli labore contendunt, ut
pomaria conserant et prata separent et hortos rigent:
sola terrae seges imperatur. Unde annum quoque
ipsum non in totidem digerunt species: hiems et ver
et aestas intellectum ac vocabula habent, autumni perinde nomen ac bona ignorantur.

21.

Ast ego, dum parat hunc armis nudare iacentem,—
Scit tuus hoc genitor—gladium spoliantis in ima
Ilia demisi.   Chthonius quoque Teleboasque
Ense iacent nostro.   Ramum prior ille bifurcum
Gesserat, hic iaculum.   Iaculo mihi vulnera fecit.
Signa vides, apparet adhuc vetus inde cicatrix.
Tunc ego debueram capienda ad Pergama mitti :
Tum poteram magni, si non superare, morari
Hectoris arma meis.   Illo sed tempore nullus,
Aut puer Hector erat : nunc me mea deficit aetas.
Quid tibi victorem gemini Periphanta Pyraethi,
Ampyca quid referam ? qui quadrupedantis Echetli
Fixit in adverso cornum sine cuspide vultu
Vecte Pelethronium Macareus in pectus adacto
Stravit Erigdupum.

22.

                              Hic fugit omnes
Insidias nullique malo latus obdit apertum,
Cum genus hoc inter vitae versetur, ubi acris
Invidia atque vigent ubi crimina : pro bene sano
Ac non incauto *fictum astutum*que vocamus.
Simplicior quis et est, qualem me saepe libenter
Obtulerim tibi, Maecenas, ut forte legentem
Aut tacitum impellat quovis sermone molestus :
Communi sensu plane caret, inquimus.   Eheu !
Quam temere in nosmet legem sancimus iniquam !
Nam vitiis nemo sine nascitur ; optimus ille est,
Qui minimis urgetur.   Amicus dulcis, ut aequum est,

Cum mea compenset vitiis bona ; pluribus hisce,
Si modo plura mihi bona sunt, inclinet, amari
Si volet : hac lege in trutina ponetur eadem.
Qui, ne tuberibus propriis offendat amicum,
Postulat, ignoscet verrucis illins ; aequum est,
Peccatis veniam poscentem reddere rursus.

23.

Excitatique tandem duo tribuni plebis Spurius et
L. Carvilii cum rem invisam infamemque cernerent,
ducentum milium acris multam M. Postumio dixerunt.
Cui certandae cum dies advenisset conciliumque tam
frequens plebis adesset, ut multitudinem area Capitoli
vix caperet, perorata causa una spes videbatur esse, si
C. Servilius Casca tribunus plebis, qui propinquus
cognatusque Postumio erat, priusquam ad suffragium
tribus vocarentur, intercessisset. Testibus datis tribuni
populum summoverunt sitellaque lata est, ut sortirentur,
ubi Latini suffragium ferrent. Interim publicani Cascae
instare, ut concilio diem eximeret, populus reclamare.
Et forte in cornu primus sedebat Casca, cui simul
metus pudorque animum versabat. Cum in eo parum
praesidii esset, turbandae rei causa publicani per
vacuum (in) summoto locum cuneo inruperunt, iur-
gantes simul cum populo tribunisque. Nec procul
dimicatione res erat, cum Fulvius consul tribunis
"nonne videtis" inquit "vos in ordinem coactos esse
et rem ad seditionem spectare, ni propere dimittitis
plebis concilium ? "

24.

Funestam mundo votis petit omnibus horam,
In casum quae cuncta ferat.   Placet alea fati
Alterutrum mersura caput.   Ter collibus omnes
Explicuit turmas et signa minantia pugnam,
Testatus numquam Latiae se deesse ruinae.
Ut videt ad nullos exciri posse tumultus
In pugnam generum, sed clauso fidere vallo,
Signa movet, tectusque via dumosa per arva
Dyrrhachii praeceps rapiendas tendit ad arces.
Hoc iter acquoreo praecepit limite Magnus,
Quemque vocat collem Taulantius incola Petram,
Insedit castris, Ephyraeaque moenia servat,
Defendens tutam vel solis turribus urbem.
Non opus hanc veterum nec moles structa tuetur
Humanusque labor, facilis, licet ardua tollat,
Cedere vel bellis, vel cuncta moventibus annis :
Sed munimen habet, nullo quassabile ferro,
Naturam sedemque loci.   Nam clausa profundo
Undique praecipiti scopulisque vomentibus aequor,
Exiguo debet, quod non est insula, colli.
Terribiles ratibus sustentant moenia cantes,
Ioniumque furens rapido quum tollitur Austro,
Templa domosque quatit, spumatque in culmina pontus.

25.

Cum essem in Tusculano, (erit hoc tibi pro illo tuo,
"Cum essem in Ceramico") verumtamen cum ibi
essem, Roma puer, a sorore tua missus, epistolam mihi
abs te allatam dedit ; nuntiavitque, eo ipso die post

meridiem iturum, qui ad te proficisceretur. Eo factum est, ut epistolae tuae rescriberem aliquid; brevitate temporis tam pauca cogerer scribere.

Primum, tibi de nostro amico placando, aut etiam plane restituendo, polliceor: quod ego etsi mea sponte ante faciebam, eo nunc tamen et agam studiosius, et contendam ab illo vehementius, quod tantam ex epistola voluntatem eius rei tuam perspicere videor. Hoc te intelligere volo, pergraviter illum esse offensum: sed, quia nullam video gravem subesse causam, magnopere confido illum fore in officio, et in nostra potestate.

Signa nostra, et Hermeraclas, (ut scribis) cum commodissime poteris, velim imponas, et si quid aliud οἰκεῖον eius loci, quem non ignorás, reperies, et maxime, quae tibi palaestrae gymnasiique videbuntur esse. Etenim, ibi sedens, haec ad te scribebam; ut me locus ipse admoneret. Praeterea typos tibi mando, quos in tectorio atrioli possim includere, et putealia sigillata duo.

Bibliothecam tuam cave cuiquam despondeas, quamvis acrem amatorem inveneris: nam ego omnes meas vindemiolas eo reservo, ut illud subsidium senectuti parem.

26.

Quid hoc? sicine hoc fit? Pedes, statin an non?
An id uoltis ut me hinc iacentem aliquis tollat?
Nam hercle si cecidero, flagitium nostrum erit.
Pergitin pergere? Ah, seruiundum mihist.
     Magnum hoc uitium uinost:
Pedes captat primum, luctator dolosust.

Profecto edepol ego nunc probe abeo madulsa :
Ita uictu excurato, ita munditiis dignis
Itaque in loco festiuo sumus festiue accepti.
      Quid opust me multas agere ambages?
      Hoc est homini quam ob rem amet uitam :
Hic omnes uoluptates, omnes uenustates sunt.
Deis proxumum esse arbitror
Manu candida cantharum dulciferum
Propinare amicissumam amicam,
Neque ibi alium alii esse odio nec sermonibus
      morologis utier :
Vnguenta atque odores, lemniscos, corollas
Dari dapsilis : noenum parce promi.

27.

Hic, qui dura sedens porrecto saxa leone
    Mitigat exiguo magnus in aere Deus,
Quaeque tulit, spectat resupino sidera vultu,
    Cuius laeva calet robore, dextra mero,
Non est fama recens, nec nostri gloria coeli :
    Nobile Lysippi munus opusque vides.
Hoc habuit numen Pellaei mensa tyranni,
    Qui cito perdomito victor in orbe iacet.
Hunc puer ad Libycas iuraverat Hannibal aras :
    Iusserat hic Sullam ponere regna trucem.
Offensus variac tumidis terroribus aulae,
    Privatos gaudet nunc habitare lares :
Utque fuit quondam placidi conviva Molorchi,
    Sic voluit docti Vindicis esse Deus.

28.

Pugnatum est diu atque acriter, cum Sontiates
superioribus victoriis freti in sua virtute totius Aqui-
taniae salutem positam putarent, nostri autem, quid
sine imperatore et sine reliquis legionibus adulescen-
tulo duce efficere possent, perspici cuperent : tandem
confecti vulneribus hostes terga vertere. Quorum
magno numero interfecto Crassus ex itinere oppidum
Sontiatum oppugnare coepit. Quibus fortiter resis-
tentibus, vincas turresque egit. Illi alias eruptione
temptata, alias cuniculis ad aggerem vineasque actis,
cuius rei sunt longe peritissimi Aquitani, propterea
quod multis locis apud eos aerariae secturaequae sunt,
ubi diligentia nostrorum nihil his rebus profici posse
intellexerunt, legatos ad Crassum mittunt, seque in
deditionem ut recipiat, petunt. Qua re impetrata arma
tradere iussi faciunt.

29.

At regina gravi iandudum saucia cura
Volnus alit venis, et caeco carpitur igni.
Multa viri virtus animo multusque recursat
Gentis bonos, haerent infixi pectore voltus
Verbaque, nec placidam membris dat cura quietem.
Postera Phoebea lustrabat lampade terras
Umentemque Aurora polo dimoverat umbram,
Cum sic unanimam adloquitur male sana sororem :
" Anna soror, quae me suspensam insomnia terrent !
Quis novos hic nostris successit sedibus hospes,

Quem sese ore ferens, quam forti pectore et armis!
Credo equidem, nec vana fides, genus esse deorum.
Degeneres animos timor arguit.   Heu quibus ille
Iactatus fatis quae bella exhausta canebat!
Si mihi non animo fixum immotumque sederet,
Necui me vinclo vellem sociare iugali,
Postquam primus amor deceptam morte fefellit;
Si non pertaesum thalami taedaeque fuisset,
Huic uni forsan potui succumbere cuipae.
Anna, fatebor enim, miseri post fata Sychaei
Coniugis et sparsos fraterna caede penates,
Solus hic inflexit sensus animumque labantem
Impulit.   Adgnosco veteris vestigia flammae."

30.

Ti. Claudio quintum, Ser. Cornelio Orfito Coss.,
virilis toga Neroni maturata, quo capessendae reipubl.
habilis videretur.   Et Caesar adulationibus senatus
libens cessit, ut vicesimo aetatis anno consulatum
Nero iniret: atque interim designatus, proconsulare
imperium extra Urbem haberet, ac Princeps Iuventutis
appellaretur.   Additum nomine eius donativum militi,
congiarium plebi.   Et ludicro Circensium, quod acqui-
rendis vulgi studiis edebatur, Britannicus in praetexta,
Nero triumphali cum veste, transvecti sunt.   Spectaret
populus, hunc decore imperatorio, illum puerili habitu,
ac perinde fortunam utriusque praesumerat.   Simul,
qui centurionum tribunorumque · sortem Britannici
miserabantur, remoti fictis causis, et alii per speciem
honoris: etiam libertorum si quis incorrupta fide,

depellitur, tali occasione.   Obvii inter se, Nero Britan-
nicum nomine, ille Domitium, salutavere.   Quod, ut
discordiae initium, Agrippina multo questu ad maritum
defert: sperni quippe adoptionem, quaeque censuerint
patres, iusserit populus, intra penates abrogari: ac,
nisi pravitas tam infensa docentium arceatur, eruptura
in publicam perniciem.   Commotus his, quasi criminibus, Claudius, optimum quemque educatorem filii
exsilio ac morte afficit, datosque a noverca custodiae
eius imponit.

31.

Virtus repulsae nescia sordidae,
Intaminatis fulget honoribus,
　　Nec sumit aut ponit secures
　　　Arbitrio popularis aurae.

Virtus recludens immeritis mori
Caelum negata tentat iter via,
　　Coetusque vulgares et udam
　　　Spernit humum fugiente penna.

Est et fideli tuta silentio
Merces: vetabo, qui Cereris sacrum
　　Vulgarit arcanae, sub isdem
　　　Sit trabibus fragilemve mecum

Solvat phaselon; saepe Diespiter
Neglectus incesto addidit integrum:
　　Raro antecedentem scelestum
　　　Deseruit pede Poena claudo.

32.

Consules cum Scaptium non silentio modo sed cum adsensu etiam audiri animadvertissent, deos hominesque testantes flagitium ingens fieri patrum primores arcessunt. Cum iis circumire tribus, orare, ne pessimum facinus peiore exemplo admitterent indices in suam rem litem vertendo, cum praesertim, etiam si fas sit curam emolumenti sui iudici esse, nequaquam tantum agro intercipiendo acquiratur, quantum amittatur alienandis iniuria sociorum animis. Nam famae quidem ac fidei damna maiora esse, quam quae aestimari possent. Hoc legatos referre domum, hoc vulgari; hoc socios audire, hoc hostes: quo cum dolore hos, quo cum gaudio illos! Scaptione hoc, contionali seni, adsignaturos putarent finitimos populos? Clarum hac fore imagine Scaptium : populum Romanum quadruplatoris et interceptoris litis alienae personam laturum. Quem enim hoc privatae rei iudicem fecisse, ut sibi controversiosam adiudicaret rem? Scaptium ipsum id quidem, etsi praemortui iam sit pudoris, non facturum. Haec consules, haec patres vociferantur; sed plus cupiditas et auctor cupiditatis Scaptius valet. Vocatae tribus iudicaverunt agrum publicum populi Romani esse. Nec abnuitur ita fuisse, si ad iudices alios itum foret : nunc haud sane quicquam bono causae levatur dedecus iudicii. Idque non Aricinis Ardeatibusque quam patribus Romanis foedius atque acerbius visum. Reliquum anni quietum ab urbanis motibus et ab externis mansit.

33.

Interea pavidae nequiquam filia matri
Omnibus est terris, omni quaesita profundo.
Illam non udis veniens Aurora capillis
Cessantem vidit, non Hesperus.   Illa duabus
Flammiferas pinus manibus succendit ab Aetna
Perque pruinosas tulit inrequieta tenebras :
Rursus ubi alma dies hebetarat sidera, natam
Solis ab occasu solis quaerebat ad ortus.
Fessa labore sitim collegerat, oraque nulli
Colluerant fontes : cum tectam stramine vidit
Forte casam, parvasque fores pulsavit.   At inde
Prodit anus, divamque videt, lymphamque roganti
Dulce dedit, tosta quod texerat ante polenta.
Dum bibit illa datum, duri puer oris et audax
Constitit ante deam, risitque, avidamque vocavit.
Offensa est, neque adhuc epota parte loquentem
Cum liquido mixta perfudit diva polenta.
Combibit os maculas, et quae modo bracchia gessit,
Crura gerit ; cauda est mutatis addita membris :
Inque brevem formam, ne sit vis magna nocendi,
Contrahitur, parvaque minor mensura lacerta est.

34.

Zeno igitur nullo modo is erat, qui (ut Theophrastus)
nervos virtutis incideret : sed, contra, qui omnia, quae
ad beatam vitam pertinerent, in una virtute poneret :
nec quidquam aliud numeraret in bonis ; idque ap-
pellaret honestum, quod esset simplex quoddam et
solum et unum bonum.   Caetera autem etsi nec bona

nec mala essent, tamen alia secundum naturam dicebat,
alia naturae esse contraria.   Iis ipsis alia interiecta et
media numerabat.   Quae autem secundum naturam
essent, ea sumenda, et quadam aestimatione dignanda,
docebat; contraque contraria : neutra autem in mediis
relinquebat; in quibus ponebat nihil omnino [esse]
momenti.   Sed, quae essent sumenda, ex iis alia pluris
esse aestimanda, alia minoris : quae pluris, ea prae-
posita appellabat; reiecta autem, quae minoris.   Atque
ut haec non tam rebus quam vocabulis commutaverat;
sic inter recte factum atque peccatum, officium et
contra officium, media locabat quaedam; recte facta
sola in bonis actionibus ponens; prave, id est, peccata,
in malis.   Officia autem et servata, praetermissaque,
media putabat, ut dixi.

Cumque superiores non omnem virtutem in ratione
esse dicerent, sed quasdam virtutes natura aut more
perfectas; hic omnes in ratione ponebat.   Cumque
illi ea genera virtutum, quae supra dixi, seiungi posse
arbitrarentur; hic nec id ullo modo fieri posse dis-
serebat; nec virtutis usum modo, ut superiores, sed
ipsum habitum, per se esse praeclarum; nec tamen
virtutem cuiquam adesse, quin ea semper uteretur.
Cumque perturbationem animi illi ex homine non
tollerent, naturaque et condolescere, et concupiscere,
et extimescere, et efferri laetitia, dicerent, sed eam con-
traherent, in angustumque deducerent; hic omnibus
his quasi morbis voluit carere sapientem.   Cumque
eas perturbationes antiqui naturales esse dicerent, et
rationis expertes, aliaque in parte animi cupiditatem,
alia rationem collocarent, ne his quidem assentiebatur :
nam et perturbationes voluntarias esse putabat, opin-

ionisque iudicio suscipi; et omnium perturbationum
arbitrabatur esse matrem, immoderatam quamdam
intemperantiam.   Haec fere de moribus.

35.

At Lausum socii exanimem super arma ferebant
Flentes, ingentem atque ingenti volnere victum.
Adgnovit longe gemitum praesaga mali mens :
Canitiem multo deformat pulvere et ambas
Ad caelum tendit palmas et corpore inhaeret.
" Tantane me tenuit vivendi, nate, voluptas,
Ut pro me hostili paterer succedere dextrae,
Quem genui?   Tuane haec genitor per volnera servor,
Morte tua vivens?   Heu, nunc misero mihi demum
Exitium infelix, nunc alte volnus adactum !
Idem ego, nate, tuum maculavi crimine nomen,
Pulsus ob invidiam solio sceptrisque paternis.
Debueram patriae poenas odiisque meorum :
Omnis per mortis animam sontem ipse dedissem !
Nunc vivo neque adhuc homines lucemque relinquo.
Sed linquam."

36.

(*a*) Inscripsit tumulo septem scelerata virorum
      Se fecisse Chloe.   Quid pote simplicius?

(*b*) Nubere Paula cupit nobis, ego ducere Paulam
      Nolo: anus est.   Vellem, si magis esset anus.

37.

At postera luce, duae praetoriae cohortes armatae
templum Genetricis Veneris insedere. Aditum senatus
globus togatorum obsederat, non occultis gladiis : dis-
persique per fora ac basilicas cunei militares : inter
quorum adspectus et minas ingressi curiam senatores.
Et oratio principis per quaestorem eius audita est :
nemine nominatim compellato, patres arguebat, quod
publica munia desererent, eorumque exemplo equites
Romani ad segnitiam verterentur. Etenim, quid mirum,
e longinquis provinciis hand venire, cum plerique,
adepti consulatum et sacerdotia, hortorum potins
amoenitati inservirent : quod velut telum arripuere
accusatores.

38.

Idcirco quidam, comoedia necne poema
Esset, quaesivere, quod acer spiritus ac vis
Nec verbis nec rebus inest, nisi quod pede certo
Differt sermoni, sermo merus. At pater ardens
Saevit, quod meretrice nepos insanus amica
Filius uxorem grandi cum dote recuset,
Ebrius et, magnum quod dedecus, ambulet ante
Noctem cum facibus. Numquid Pomponius istis
Audiret leviora, pater si viveret? Ergo
Non satis est puris versum perscribere verbis,
Quem si dissolvas, quivis stomachetur eodem
Quo personatus pacto pater. His, ego quae nunc,
Olim quae scripsit Lucilius, eripias si

Tempora certa modosque et, quod prius ordine verbum
    est,
Posterius facias, praeponens ultima primis,
Non, ut si solvas " Postquam Discordia tetra
Belli ferratos postes portasque refregit,"
Invenias etiam disiecti membra poetae.

39.

De tota mea cogitatione scripsi ad te antea satis
(ut mihi visus sum) diligenter. De die nihil sane
potest scribi certi, praeter hoc; non ante lunam novam. Curionis sermo postridie eamdem habuit fere
summam, nisi quod apertius significavit, se harum
rerum exitum non videre. Quod mihi mandas de
Quinto regendo, Ἀρκαδίαν. Tamem nihil praetermit-
tam. Atque utinam tu! sed modestior non ero.
Epistolam ad Vestorium statim de Tullia; ac valde
requirere solebat.

Commodius tecum Vectenus est locutus, quam ad
me scripserat. Sed mirari satis hominis negligentiam
non queo. Cum enim mihi Philotimus dixisset HS
L emere de Canuleio diversorium illud posse, minoris etiam emturum, si Vectenum rogassem; ro-
gavi, ut, si quid posset, ex ea summa detraheret:
promisit: ad me nuper, se HS XXX emisse: ut
scriberem, cui vellem addici: diem pecuniae Id.
Novemb. esse. Rescripsi ei stomachosius, cum ioco
tamen familiari. Nunc, quoniam agit liberaliter, nihil
accuso hominem; scripsique ad eum, me a te certiorem esse factum.

Tu de tuo itinere quid et quando cogites, velim me certiorem facias. A. d. XV Cal. Maias.

40.

Argolici rediere duces : altaria fumant ;
  Ponitur ad patrios barbara praeda deos ;
Grata ferunt nymphae pro salvis dona maritis,
  Illi vieta suis Troica fata canunt ;
Mirantur iustique senes trepidaeque puellae,
  Narrantis coniunx pendet ab ore viri,
Atque aliquis posita monstrat fera proelia mensa
  Pingit et exiguo Pergama tota mero :
" Hac ihat Simois, haec est Sigeia tellus,
  Hic steterat Priami regia celsa senis ;
Illic Aeacides, illic tendebat Ulixes,
  Hic lacer admissos terruit Hector equos."
Omnia namque tuo senior te quaerere misso
  Rettulerat nato Nestor, at ille mihi.
Rettulit et ferro Rhesumque Dolonaque caesos,
  Utque sit hic somno proditus, ille dolo.
Ausus es, o nimium nimiumque oblite tuorum,
  Thracia nocturno tangere castra dolo
Totque simul mactare viros, adiutus ab uno !
  At bene cantus eras et memor ante mei !
Usque metu micuere sinus, dum victor amicum
  Dictus es Ismariis isse per agmen equis.

41.

Ubi his ordinibus exercitus instructus esset, hastati omnium primi pugnam inibant. Si hastati profligare

bostem non possent, pede presso eos retro cedentes in
intervalla ordinum principes recipiebant. Tum principum pugna erat ; hastati sequebantur.   Triarii sub
vexillis considebant sinistro erure porrecto, scuta
innixa umeris, bastas subrecta cuspide in terra fixas,
haud secus quam vallo saepta inhorreret acies, tenentes.
Si apud principes quoque haud satis prospere esset
pugnatum, a prima acie ad triarios sensim referebantur:
inde rem ad triarios redisse, cum laboratur, proverbio
increbuit.   Triarii consurgentes, ubi in intervalla
ordinum snorum principes et hastatos recepissent, extemplo conpressis ordinibus velut claudebant vias,
unoque continenti agmine, iam nulla spe post relicta,
in bostem incidebant : id erat formidolosissimum
hosti, cum velut victos insecuti novam repente aciem
exsurgentem auctam numero cernebant.   Scribebantur
autem quattuor fere legiones quinis milibus peditum,
equitibus in singulas legiones trecenis.   Alterum tantum ex Latino dilectu adiciebatur, qui ea tempestate
hostes erant Romanis, eodemque ordine instruxerant
aciem.   Nec vexilla cum vexillis tantum, universi
hastati cum hastatis, principes cum principibus, sed
centurio quoque cum centurione, si ordines turbati
non essent, concurrendum sibi esse sciebat.

42.

At numquam patiens pacis longaeque quietis
Armorum, ne quid fatis mutare liceret,
Adsequitur, generique premit vestigia Caesar.
Sufficerent aliis primo tot moenia cursu
Rapta, tot oppressae depulsis hostibus arces :

C

Ipsa, caput mundi, bellorum maxima merces,
Roma, capi facilis.   Sed Caesar, in omnia praeceps,
Nil actnm credens, quum quid superesset agendum,
Instat atrox : et adhuc, quamvis possederit omnem
Italiam, extremo sedeat quod litore Magnus,
Communem tamen esse dolet : nec rursus aperto
Volt hostes errare freto, sed molibus undas
Obstruit, et latum deiectis rupibus aequor.
Cedit in immensum cassus labor : omnia pontus
Haurit saxa vorax, montesque immiscet barenis :

43.

Hoc caverat mens provida Reguli
Dissentientis conditionibus
   Foedis et exemplo trahentis
      Perniciem veniens in aevum,

Si non periret immiserabilis
Captiva pubes.   Signa ego Punicis
   Adfixa delubris et arma
      Militibus sine caede, dixit,

Derepta vidi ; vidi ego civium
Retorta tergo brachia libero
   Portasque non clausas et arva
      Marte coli populata nostro.

Auro repensus scilicet acrior
Miles redibit.   Flagitio additis
   Damnum : neque amissos colores
      Lana refert medicata fuco,

Nec vera virtus, cum semel excidit,
Curat reponi deterioribus.
   Si pugnat extricata densis
     Cerva plagis, erit ille fortis,

Qui perfidis se credidit hostibus,
Et Marte Poenos proteret altero,
   Qui lora restrictis lacertis
     Sensit iners timuitque mortem.

Hic, unde vitam sumeret inscius,
Pacem duello miscuit. O pudor!
   O magna Carthago, probrosis
     Altior Italiae ruinis!

44.

Nec vero habeo quemquam antiquiorem, cuius quidem scripta proferenda putem, nisi quem Appii Cacci
oratio haec ipsa de Pyrrho, et nonnullae mortuorum
laudationes, forte delectant. Et, hercules, hae quidem
exstant: ipsae enim familiae sua quasi ornamenta ac
monimenta servabant, et ad usum, si quis eiusdem
generis occidisset, et ad memoriam laudum domesti-
carum, et ad illustrandam nobilitatem suam: quamquam
his laudationibus historia rerum nostrarum est facta
mendosior: multa enim scripta sunt in eis, quae facta
non sunt, falsi triumphi, plures consulatus, genera
etiam falsa, et a plebe transitiones, cum homines
humiliores in alienum eiusdem nominis infunderentur
genus; ut, si ego me a M' Tullio esse dicerem, qui

patricius cum Servio Sulpicio consul, anno X post exactos reges, fuit.

Catonis autem orationes non minus multae verae sunt, quam Attici Lysiae; cuius arbitror plurimas esse. Est enim Atticus, quoniam certe Athenis est et natus et mortuus, et functus omni civium munere; quamquam Timaeus eum, quasi Licinia et Mucia lege, repetit Syracusas. Et quodam modo est nonnulla in iis etiam inter ipsos similitudo: acuti sunt, elegantes, faceti, breves; sed ille Graecus ab omni lande felicior. Habet enim certos sui studiosos, qui non tam habitus corporis opimos, quam gracilitates, consectentur; quos, valetudo modo bona sit, tenuitas ipsa delectet: quamquam in Lysia saepe sunt etiam lacerti, sic ut fieri nihil possit valentins: verum est certe genere toto strigosior; sed habet tamen suos laudatores, qui hac ipsa eius subtilitate admodum gaudeant.

45.

Ipsa dies alios alio dedit ordine luna
Felicis operum. Quintam fuge: pallidus Horcus
Eumenidesque satae; tum partu Terra nefando
Coeumque Iapetumque creat saevomque Typhoea
Et coniuratos caelum rescindere fratres.
Ter sunt conati imponere Pelio Ossam
Scilicet, atque Ossae frondosum involvere Olympum;
Ter pater extructos disiecit fulmine montis.
Septuma post decumam felix et ponere vitem
Et prensos domitare boves et licia telae
Addere. Nona fugae melior, contraria furtis.

46.

Nox eadem laetam Germanico quietem tulit.: vidit-
que se operatum, et sanguine sacro respersa praetexta,
pulchriorem aliam manibus aviae Augustae accepisse.
Auctus omine, addicentibus auspiciis, vocat concionem,
et, quae sapientia praevisa, aptaque imminenti pugnae,
disserit : Non campos modo militi Romano ad proelium
bonos, sed, si ratio adsit, silvas et saltus : nec enim
immensa barbarorum scuta, enormes hastas, inter
truncos arborum et enata humo virgulta perinde haberi,
quam pila et gladios et haerentia corpori tegmina :
denserent ictus ; ora mucronibus quaererent : non loricam Germano, non galeam ; ne senta quidem ferro,
nervove firmata, sed viminum textus, sed tenues,
fucatas colore, tabulas : primam utcumque aciem has-
tatam ; caeteris praeusta aut brevia tela. Iam corpus,
ut visu torvum et ad brevem impetum validum, sic
nulla vulnerum patientia : sine pudore flagitii, sine
cura ducum, abire, fugere : pavidos adversis, inter
secunda non divini, non humani iures memores. Si
taedio viarum ac maris finem cupiant, hac acie parari :
propiorem iam Albim, quam Rhenum ; neque bellum
ultra ; modo se, patris patruique vestigia prementem,
iisdem in terris victorem sisterent. Orationem ducis
secutus militum ardor : signumque pugnae datum.

47.

Occurris quotiens, Luperce, nobis,
" Vis mittam puerum " subinde dicis,
" Cui tradas epigrammaton libellum,

Lectum quem tibi protinus remittam?"
Non est quod puerum, Luperce, vexes.
Longum est, si velit ad Pirum venire,
Et scalis habito tribus, sed altis.
Quod quaeris propius petas licebit.
Argi nempe soles subire letum :
Contra Caesaris est forum taberna
Scriptis postibus hinc et inde totis,
Omnes ut cito perlegas poetas.
Illinc me pete.   Nec roges Atrectum
—Hoc nomen dominus gerit tabernae—
De primo dabit alterove nido
Rasum pumice purpuraque cultum
Denaris tibi quinque Martialem.
" Tanti non es " ais?   Sapis, Luperce.

48.

Tempora digereret cum conditor Urbis, in anno
    Constituit menses quinque bis esse suo.
Scilicet arma magis quam sidera, Romule, noras,
    Curaque finitimos vincere maior erat.
Est tamen et ratio, Caesar, quae moverit illum :
    Erroremque suum quo tueatur, habet.
Quod satis est, utero matris dum prodeat infans,
    Hoc anno statuit temporis esse satis.
Per totidem menses a funere coniugis uxor
    Sustinet in vidua tristia signa domo.
Haec igitur vidit trabeati cura Quirini,
    Cum rudibus populis annua iura daret.
Martis erat primus mensis, Venerisque secundus :
    Haec generis princeps, ipsius ille pater :

Tertius a senibus, iuvenum de nomine quartus,
  Quae sequitur, numero turba notata fuit.
At Numa nec Ianum nec avitas praeterit umbras,
  Mensibus antiquis praeposuitque duos.

49.

Plurimum audaciae ad pericula capessenda, plurimum consilii inter ipsa pericula erat. Nullo labore aut corpus fatigari aut animus vinci poterat. Caloris ac frigoris patientia par ; cibi potionisque desiderio naturali, non voluptate modus finitus ; vigiliarum somnique nec die nec nocte discriminata tempora : id, quod gerendis rebus superesset, quieti datum ; ea neque molli strato neque silentio accersita ; multi saepe militari sagulo opertum humi iacentem inter custodias stationesque militu conspexerunt. Vestitus nihil inter aequales excellens ; arma atque equi conspiciebantur. Equitum peditumque idem longe primus erat, princeps in proelium ihat, ultimus conserto proelio excedebat. Has tantas viri virtutes ingentia vitia aequabant ; inhumana crudelitas, perfidia plus quam Punica, nihil veri, nihil sancti, nullus deum metus, nullum ius iurandum, nulla religio. Cum hac indole virtutum atque vitiorum triennio sub Hasdrubale imperatore meruit nulla re, quae agenda videndaque magno futuro duci esset, praetermissa.

50.

Troiani belli scriptorem, maxime Lolli,
  Dum tu declamas Romae, Praeneste relegi ;

Qui, quid sit pulchrum, quid turpe, quid utile, quid
    non,
Planius ac melius Chrysippo et Crantore dicit.
Cur ita crediderim, nisi quid te detinet, audi.
    Fabula, qua Paridis propter narratur amorem
Graecia Barbariae lento collisa duello,
Stultorum regum et populorum continet aestas.
Antenor censet belli praecidere cansam.
Quid Paris ?   Ut salvus regnet vivatque beatus,
Cogi posse negat.   Nestor componere lites
Inter Peliden festinat et inter Atriden ;
Hunc amor, ira quidem communiter urit utrumque.
Quidquid delirant reges, plectuntur Achivi.
Seditione, dolis, scelere atque libidine et ira
Iliacos intra muros peccatur et extra.
    Rursus, quid virtus et quid sapientia possit,
Utile proposuit nobis exemplar Ulixen.

51.

(a) Iura trium petiit a Caesare discipulorum
    Assuetus semper Munna docere duos.

(b) Mica vocor : quid sim cernis, cenatio parva :
    Ex me Caesareum prospicis ecce tholum.
  Frange toros, pete vina, rosas cape, tinguere nardo :
    Ipse iuhet mortis te meminisse deus.

52.

Eodem tempore Iugurtha amissis amicis, quorum
plerosque ipse necaverat, ceteri formidine pars ad

Romanos alii ad regem Bocchum profugerant, cum
neque bellum geri sine administris posset et novorum
fidem in tanta perfidia veterum experiri periculosum
duceret, varius incertusque agitabat. Neque ille res
neque consilium aut quisquam hominum satis placebat :
itinera praefectosque in dies mutare, modo advorsum
hostis, interdum in solitudines pergere, saepe in fuga
ac post paulo in armis spem habere, dubitare virtuti an
fide popularium minus crederet : ita quocumque in-
tenderat res advorsae erant. Set inter eas moras
repente sese Metellus cum excercitu ostendit : Numidae ab Iugurtha pro tempore parati instructique, dein
proelium incipitur. Qua in parte rex pugnae adfuit,
ibi aliquamdiu certatum, ceteri eius omnes milites primo
congressu pulsi fugatique. Romani signorum et
armorum aliquanto numero, hostium paucorum potiti :
nam ferme Numidis in omnibus proeliis magis pedes
quam arma tuta sunt.

53.

Euryalumque Helymus sequitur ; quo deinde sub ipso
Ecce volat calcemque terit iam calce Diores
Incumbens umero, spatia et si plura supersint,
Transeat elapsus prior ambiguumque relinquat.
Iamque fere spatio extremo fessique sub ipsam
Finem adventabant, levi cum sanguine Nisus
Labitur infelix, caesis ut forte iuvencis
Fusus humum viridisque super madefecerat herbas.
Hic iuvenis iam victor ovans vestigia presso
Haut tenuit titubata solo, sed pronus in ipso
Concidit inmundoque fimo sacroque cruore,

Non tamen Euryali, non ille oblitus amorum :
Nam sese opposuit Salio per lubrica surgens,
Ille autem spissa iacuit revolutus harena.
Emicat Euryalus, et munere victor amici
Prima tenet, plausuque volat fremituque secundo.
Post Helymus subit, et nunc tertia palma Diores.
Hic totum caveae consessum ingentis et ora
Prima patrum magnis Salius clamoribus implet
Ereptumque dolo reddi sibi poscit honorem.
Tutatur favor Euryalum lacrimaeque decorae
Gratior et pulchro veniens in corpore virtus.
Adiuvat et magna proclamat voce Diores,
Qui subiit palmae frustraque ad praemia venit
Ultima, si primi Salio reddentur honores.

54.

    De. Ehem opportune : te ipsum quaerito.
Mi. Quid tristis es ?   *De.* Rogas me ?   Ubi nobis
    Aeschinust ?
Scin iam quid tristis ego sim ?   *Mi.* Dixin hoc fore ?
Quid fecit ?   *De.* Quid ille fecerit ?   Quem neque
    pudet
Quicquam, nec metuit quemquam, neque legem putat
Tenere se ullam.   Nam illa quae antehac facta sunt
Omitto : modo quid designauit ?   *Mi.* Quid nam id
    est ?
    De. Foris ecfregit atque in aedis inruit
Alienas : ipsum dominum atque omnem familiam
Mulcauit usque ad mortem : eripuit mulierem
Quam amabat.   Clamant omnes indignissume
Factum esse : hoc aduenienti quot mihi, Micio,

Dixere! in orest omni populo.   Denique,
Si conferendum exemplumst, non fratrem uidet
Rei dare operam ruri parcum ac sobrium?
Nullum huius simile factum.   Haec quom illi, Micio,
Dico, tibi dico: tu illum corrumpi sinis.

Mi. Homine inperito numquam quicquam iniustiust,
Qui nisi quod ipse fecit nil rectum putat.

De. Quorsum istuc?   *Mi.* Quia tu, Demea, haec
male indicas.

55.

Ea tempestate Cassius caeteros praeminebat peritia
legum : nam militares artes per otium ignotae; in-
dustriosque aut ignavos pax in aequo tenet. Atta-
men, quantum sine bello dabatur, revocare priscum
morem, exercitare legiones, cura, provisu perinde
agere, ac si hostis ingrueret; ita dignum maioribus
suis, et familia Cassia ratus, per illas quoque gentes
celebrata. Igitur excitis, quorum de sententia peti-
tus rex, positisque castris apud Zeugma, unde maxime pervius amnis, postquam illustres Parthi, rexque
Arabum Acbarus advenerat, monet Meherdaten, barbarorum impetus acres cunctatione languescere, aut
in perfidiam mutari; itaque urgeret coepta. Quod
spretum fraude Acbari, qui iuvenem ignarum, et
summam fortunam in luxu ratum, multos per dies
attinuit apud oppidum Edessam. Et vocante Car-
rhene, promtasque res ostentante, si citi advenissent,
non comminus Mesopotamiam, sed fiexu Armeniam
petunt, id temporis importunam, quia hiems occi-
pichat.

56.

Ipse petit trepidam tutus sine milite Romam,
Iam doctam servire togae : populoque precanti
Scilicet indulgens, summum dictator honorem
Contigit et laetos fecit se consule fastos.
Namque omnes voces, per quas iam tempore tanto
Mentimur dominis haec primum repperit aetas,
Qua sibi ne ferri ius ullum Caesar abesset,
Ausonias voluit gladiis miscere secures.
Addidit et fasces aquilis, et nomen inane
Imperii rapiens, signavit tempora digna
Maesta nota.   Nam quo melius Pharsalicus annus
Consule notus erit?   Fingit sollemnia Campus,
Et non admissae dirimit suffragia plebis,
Decantatque tribus, et vana versat in urna.
Nec caelum servare licet : tonat augure surdo,
Et laetae iurantur aves, bubone sinistro.
Inde perit primum quondam veneranda potestas
Iuris inops : careat tantum ne nomine tempus,
Menstruus in fastos distinguit saecula consul.
Nec non Iliacae numen quod praesidet Albae,
Haud meritum Latio sollemnia sacra subacto,
Vidit flammifera confectas nocte Latinas.

57.

Usus amicitiae tecum mihi parvus, ut illam
Non aegre posses dissimulare, fuit,
Nec me complexus vinclis propioribus esses
Nave mea vento, forsan, eunte suo.
Ut cecidi, cunctique metu fugere ruinam,

Versaque amicitiae terga dedere mcae,
Ansus es igne Iovis percussum tangere corpus
Et deploratae limen adire domus :
Idque recens praestas nec longo cognitus usu,
Quod veterum misero vix duo tresve mihi.
Vidi ego confusos vultus, visosque notavi,
Osque madens fletu pallidiusque meo,
Et lacrimas cernens in singula verba cadentes
Ore meo lacrimas, auribus illa bibi ;
Brachiaque accepi presso pendentia collo,
Et singultatis oscula mixta sonis.
Sum quoque, care, tuis defensus viribus absens :—
Scis carum veri nominis esse loco.

58.

In hoc viro tanta vis animi ingeniique fuit, ut quocumque loco natus esset, fortunam sibi ipse facturus
fuisse videretur. Nulla ars neque privatae neque
publicae rei gerendae ei defuit : urbanas rusticasque
res pariter callebat. Ad summos honores alios scientia
iuris, alios eloquentia, alios gloria militaris provexit :
huic versatile ingenium sic pariter ad omnia fuit, ut
natum ad id unum diceres quodcumque ageret : in
bello manu fortissimus multisque insignibus clarus
pugnis, idem postquam ad magnos honores pervenit,
summus imperator, idem in pace, si ius consuleres,
peritissimus, si causa oranda esset, eloquentissimus,
nec is tantum cuius lingua vivo eo viguerit, monu-
mentum eloquentiae nullum exstet : vivit immo viget-
que eloquentia eius sacrata scriptis omnis generis.
Orationes et pro se multae et pro aliis et in alios

nam non solum accusando sed etiam causam dicendo
fatigavit inimicos. Simultates nimio plures et exer-
cuerunt eum et ipse exercuit eas ; nec facile dixeris,
utrum magis presserit eum nobilitas, an ille agitaverit
nobilitatem. Asperi procul dubio animi et linguae
acerbae et immodice liberae fuit, sed invicti a cupidi-
tatibus animi et rigidae innocentiae, contemptor gratiae,
divitiarum. In parsimonia, in patientia la boris periculi ferrei prope corporis animique, quem ne senectus
quidem, quae solvit omnia, fregerit, qui sextum et
octogesimum annum agens causam dixerit, ipse pro
se oraverit scripseritque, nonagesimo anno Ser. Galbam
ad populi adduxerit indicium.

59.

Quatuor hinc rapimur viginti et milia rhedis,
Mansuri oppidulo, quod versu dicere non est,
Signis perfacile est : venit vilissima rerum
Hic aqua ; sed panis longe pulcherrimus, ultra
Callidus ut soleat humeris portare viator ;
Nam Canusi lapidosus, aquae non ditior urna
Qui locus a forti Diomede est conditus olim.
Flentibus hinc Varius discedit maestus amicis.
Inde Rubos fessi pervenimus, utpote longum
Carpentes iter et factum corruptius imbri.
Postera tempestas melior, via peior ad usque
Bari moenia piscosi ; dein Gnatia Lymphis
Iratis exstructa dedit risusque iocosque,
Dum fiamma sine thura liquescere limine sacro
Persuadere cupit. Credat Iudaeus Apella,
Non ego : namque deos didici securum agere aevum,

Nec, si quid miri faciat natura, deos id
Tristes ex alto caeli demittere tecto.
Brundisium longae finis chartaeque viaeque est.

60.

At enim, dum videntur, eadem est in somnis species
horum, et eorum quæ vigilantes videmus. Plurimum
interest. Sed id omittamus; illud enim dicimus, non
eamdem esse vim neque integritatem dormientium et
vigilantium, nec mente, nec sensu. Ne vinolenti quidem quae faciunt, eadem approbatione faciunt, qua
sobrii : dubitant, haesitant, revocant se interdum ; iisque,
quae videntur, imbecillius assentiuntur : cumque edor-
miverunt, illa visa quam levia fuerint, intelligunt. Quod
idem contingit insanis ; ut et, incipientes furere, sentiant et dicant, aliquid, quod non sit, id videri sibi ; et,
cum relaxentur, sentiant, atque illa dicant Alcmaeonis :

"Sed mihi neutiquam cor consentit cum oculorum adspectu."

At enim ipse sapiens sustinet se in furore, ne approbet
falsa pro veris. Et alias quidem saepe, si aut in sensibus ipsius est aliqua forte gravitas aut tarditas, aut ob-
scuriora sunt quae videntur, aut a perspiciendo temporis brevitate excluditur. Quamquam totum hoc,
sapientem aliquando sustinere assensionem, contra vos
est. Si enim inter visa nihil interesset, aut semper
sustineret, aut nunquam. Sed ex hoc genere toto
perspici potest levitas orationis eorum, qui omnia
cupiunt confundere. Quaerimus gravitatis, constan-
tiac, firmitatis, sapientiae iudicium : utimur exemplis
somniantium, furiosorum, ebriosorum. Illud attenda-

mus, in hoc omni genere quam inconstanter loquamur.
Non enim proferremus vino aut somno oppressos, aut
mente captos, tam absurde, ut tum diceremus interesse
inter vigilantium visa et sobriorum et sanorum, et
eorum qui essent aliter affecti ; tum nihil interesse.

61.

Atque equidem, extremo ni iam sub fine laborum
Vela traham et terris festinem advertere proram,
Forsitan et, pinguis hortos quae cura colendi
Ornaret, canerem, biferique rosaria Paesti,
Quoque modo potis gauderent intiba rivis
Et virides apio ripae, tortusque per herbam
Cresceret in ventrem cucumis ; nec sera comantem
Narcissum aut flexi tacuissem vimen acanthi
Pallentisque hederas et amantis litora myrtos.
Namque sub Oebaliae memini me turribus arcis,
Qua niger umectat flaventia culta Galaesus,
Corycium vidisse senem, cui pauca relicti
Iugera ruris erant, nec fertilis illa iuvencis
Nec Cereri opportuna seges nec commoda Baccho.
Hic rarum tamen in dumis holus albaque circum
Lilia verbenasque premens vescumque papaver
Regum aequabat opes animis, seraque revertens
Nocte domum dapibus mensas onerabat inemptis.

62.

Ex hereditate, quae mihi obvenit, emi proxime
Corinthium signum, modicum quidem, sed festivum et
expressum, quantum ego sapio : qui fortasse in omni

re, in hac certe perquam exiguum sapio. Hoc tamen
signum ego quoque intelligo. Est enim nudum, nec
aut vitia, si qua sunt, celat : aut laudes parum ostentat.
Effingit senem stantem : ossa, musculi, nervi, venae,
rugae etiam ut spirantis apparent : rari et cedentes
capilli, lata frons, contracta facies, exile collum : pendent lacerti, papillae iacent, recessit venter. A tergo
quoque eadem aetas, ut a tergo. Aes ipsum, quantum
veras color indicat, vetus et antiquum. Talia denique
omnia, ut possint artificum oculos tenere, delectare
imperitorum. Quod me, quanquam tirunculum, solli-
citavit ad emendum. Emi autem, non ut haberem
domi (neque enim ullum adhuc Corinthium domi
habeo), verum ut in patria nostra celebri loco ponerem,
ac potissimum in Iovis templo. Videtur enim dignum
templo, dignum Deo donum. Tu ergo, ut soles
omnia quae a me tibi iniunguntur, suscipe hanc curam
et iam nunc iube basim fieri, ex quo voles marmore,
quae nomen meum, honoresque capiat, si hos quoque
putabis addendos. Ego signum ipsum, ut primum
invenero aliquem, qui non gravetur, mittam tibi : vel
ipse, quod mavis, adferam mecum. Destino enim, si
tamen officii ratio permiserit, excurrere isto. Gaudes,
quod me venturum esse polliceor, sed contrahes
frontem, cum adiecero, ad paucos dies ; neque enim
diutius abesse me eadem haec, quae nondum exire
patiuntur. Vale.

63.

In caput alta suum labentur ab aequore retro
Flumina, conversis Solque recurret equis,

D

Terra feret stellas, caelum findetur aratro,
Unda dabit flammas et dabit ignis aquas,
Omnia naturae praepostera legibus ibnut,
Parsque suum mundi nulla tenebit iter,
Omnia iam fient, fieri quae posse negabam,
Et nihil est, de quo non sit habenda fides.
Haec ego vaticinor, quia sum deceptus ab illo,
Laturum misero quem mihi rebar opem.
Tantane te, fallax, cepere oblivia nostri,
Afflictumque fuit tantus adire timor,
Ut neque respiceres nec solarere iacentem,
Dure, nec exequias prosequerere meas?
Illud amicitiae sanctum et venerabile nomen
Re tibi pro vili sub pedibusque iacet?

64.

Prima salutantes atque altera conterit hora,
    Exercet raucos tertia causidicos,
In quintam varios extendit Roma labores,
    Sexta quies lassis, septima finis erit,
Sufficit in nonam nitidis octava palaestris,
    Imperat extructos frangere nona toros:
Hora libellorum decima est, Eupheme, meorum,
    Temperat ambrosias cum tua cura dapes
Et bonus aetherio laxatur nectare Caesar
    Ingentique tenet pocula parca mann.
Tunc admitte iocos: gressu timet ire licenti
    Ad matutinum nostra Thalia Iovem.

65.

Terra finesque, qua ad Orientem vergunt, Arabia terminantur; a meridie Ægyptus obiacet; ab occasu Phoenices et mare; septemtrionem a latere Syriae longe prospectant. Corpora hominum salubria et ferentia laborum: rari imbres, uber solum: fruges nostrum ad morem; praeterque eas balsamum et palmae. Palmetis proceritas et decor. Balsamum modica arbor: ut quisque ramus intumuit, si vim ferri adhibeas, pavent venae; fragmine lapidis aut testa aperiuntur: humor in usu medentium est. Praecipuum montium Libanum erigit, mirum dictu, tantos inter ardores opacum fidumque nivibus. Idem amuem Iordanem alit funditque. Nec Iordanes pelago accipitur: sed unum atque alterum lacum integer perfluit, tertio retinetur. Lacus immenso ambitu, specie maris, sapore corruptior, gravitate odoris accolis pestifer, neque vento impellitur, neque pisces aut suetas aquis volucres patitur. Incertae undae superiacta, ut solido, ferunt: periti imperitique nandi perinde attolluntur. Certo anni bitumen egerit: cuius legendi usum, ut caeteras artes, experientia docuit. Ater suapte natura liquor, et sparso aceto concretus, innatat: hunc manu captum, quibus ea cura, in summa navis trahunt. Inde, nullo iuvante, influit, oneratque, donec abscindas: nec abscindere aere ferrove possis: fugit cruorem vestemque infectam sanguine, quo feminae per menses exsolvuntur: sic veteres auctores. Sed guari locorum tradunt, undantes bitumine moles pelli, manuque trahi ad litus: mox, ubi vapore terrae, vi solis, inaruerint, securibus cuneisque, ut trabes aut saxa, discindi.

66.

Transierat primi Caesar munimina valli,
Quum super e totis emisit collibus agman,
Effuditque acies obsaeptum Magnus in bostem.
Non sic Ætnaeis habitans in vallibus horret
Enceladum, spirante Noto, quum tota cavernas
Egerit, et torrens in campos defluit Ætna :
Caesaris ut miles glomerato pulvere victus
Ante aciem, caeci trepidus sub nube timoris
Hostibus occurrit fugiens, inque ipsa pavendo
Fata ruit.   Totus mitti civilibus armis
Usque vel in pacem potuit cruor : ipse furentis
Dux tenuit gladios.   Felix ac libera legum,
Roma, fores iurisque tui, vicisset in illo
Si tibi Sulla loco.   Dolet heu semperque dolebit,
Quod scelerum, Caesar, prodest tibi summa tuorum,
Cum genero pugnasse pio.   Pro tristia fata :
Non Uticae Libye clades, Hispania Mundae
Flesset, et infando pollutus sanguine Nilus
Nobilius Phario gestasset rege cadaver :
Nec Iuba Marmaricas nudus pressisset harenas,
Poenorumque umbras placasset sanguine fuso
Scipio : nec sancto caruisset vita Catone.
Ultimus esse dies potuit tibi, Roma, malorum :
Exire e mediis potuit Pharsalia fatis.

67.

Obsignata iam epistola, literas a te et a Sexto accepi.
Nihil iucundius literis Sexti, nihil amabilius : nam
tuae, breves; priores erant uberrimae.   Tu quidem et

prudenter et amice suades, ut in his locis potissimum sim, quoad audiamus, haec, quae commota sunt, quorsum evadant. Sed me, mi Attice, non sane hoc quidem tempore movet respublica ; non quo aut sit mihi quidquam carius, aut esse debeat ; sed desperatis etiam Hippocrates vetat adhibere medicinam. Quare ista valeant : me res familiaris movet : rem dico? immo vero existimatio. Cum enim tanta reliqua sint ; ne Terentiae quidem adhuc, quod solvam, expeditum est. Terentiam dico? scis nos pridem iam constituisse Montani nomine HS XXV dissolvere. Pudentissime hoc Cicero petierat, ut fide sua. Liberalissime, ut tibi quoque placuerat, promiseram ; Erotique dixeram, ut sepositum haberet. Non modo ; sed iniquissimo foenore versuram facere Aurelius coactus est. Nam, de Terentiae nomine, Tiro ad me scripsit, te dicere, nummos a Dolabella fore. Male eum credo intellexisse, si quisquam male intelligit ; potins, nihil intellexisse. Tu enim ad me scripsisti Cocceii responsum, et iisdem paene verbis Eros. Veniendum est igitur vel in ipsam flammam. Turpius est enim privatim cadere, quam publice. Itaque, caeteris de rebus, quas ad me suavissime scripsisti, perturbato animo, non potui, ut consueram, rescribere. Consenti in hac cura, ubi sum, ut me expediam : quibus autem rebus, venit quidem mihi in mentem : sed certe constituere nihil possum, priusquam te videro. Qui minus autem ego istic recte esse possim, quam est Marcellus? Sed non id agitur : neque id maxime curo. Quid curem, vides. Adsum igitur.

68.

O fortunatos nimium, sua si bona norint,
Agricolas! quibus ipsa procul discordibus armis
Fundit humo facilem victum iustissima tellus.
Si non ingentem foribus domus alta superbis
Mane salutantum totis vomit aedibus undam,
Nec varios inhiant pulchra testudine postes,
Inlusasque auro vestes Ephyreiaque aera,
Alba neque Assyrio fucatur lana veneno,
Nec casia liquidi corrumpitur usus olivi :
At secura quies et nescia fallere vita,
Dives opum variarum, at latis otia fundis
(Speluncae vivique lacus et frigida tempe
Mugitusque boum mollesque sub arbore somni)
Non absunt ; illic saltus ac lustra ferarum,
Et patiens operum exiguoque adsueta iuventus
Sacra deum sanctique patres ; extrema per illos
Iustitia excedens terris vestigia fecit.

69.

Quinctius postero die vallum secum ferente milite,
ut paratus omni loco castris ponendis esset, progressus
modicum iter sex ferme milia a Pheris cum consedisset,
speculatum, in qua parte Thessaliae hostis esset quidve
pararet, misit. Circa Larisam erat rex. Certior iam
factus Romanum ab Thebis Pheras movisse, defungi
quam primum et ipse certamine cupiens ducere ad
hostem pergit et quattuor milia fere a Pheris posuit
castra. Inde postero die cum expediti utrimque ad
occupandos super urbem tumulos processissent, pari

ferme intervallo ab iugo, quod capiendum erat, cum
inter se conspecti essent, constiterunt, nuntios in
castra remissos, qui, quid sibi, quoniam praeter spem
hostis occurrisset, faciendum esset, consulerent, quieti
opperientes. Et illo quidem die nullo inito certamine
in castra revocati sunt; postero die circa eosdem
tumulos equestre proelium fuit, in quo non minimum
Aetolorum opera regii fugati atque in castra compulsi
sunt.

70.

Tu pulmentaria quaere
Sudando; pinguem vitiis albumque neque ostrea
Nec scarus aut poterit peregrina iuvare lagois.
Vix tamen eripiam, posito pavone velis quin
Hoc potius quam gallina tergere palatum,
Corruptus vanis rerum, quia veneat auro
Rara avis et picta pandat spectacula cauda;
Tamquam ad rem attineat quidquam. Num vesceris
    ista,
Quam laudas, pluma? Cocto num adest honor idem?
Carne tamen, quamvis distat nil, hac magis illa.
Imparibus formis deceptum te patet. Esto:
Unde datum sentis, lupus hic Tiberinus an alto
Captus hiet, pontesne inter iactatus an amnis
Ostia sub Tusci? Laudas, insane, trilibrem
Mullum, in singula quem minuas pulmenta necesse est.
Ducit te species, video: quo pertinet ergo
Proceros odisse lupos? Quia scilicet illis
Maiorem natura modum dedit, his breve pondus.
Ieiunus raro stomachus vulgaria temnit.

71.

C. Quintius fuit P. Quintii huius frater; sane cae-
terarum rerum paterfamilias et prudens et attentus,
una in re paulo minus consideratus, qui societatem
cum Sex. Naevio fecerit, viro bono, verumtamen non
ita instituto, ut iura societatis et officia certi patris-
familias nosse posset: non quo ei deesset ingenium:
(nam neque parum facetus scurra Sex. Naevius, neque inhumanus praeco est unquam existimatus.)
Quid ergo est? Cum ei natura nihil melius quam
vocem dedisset, pater nihil praeter libertatem reli-
quisset; vocem in quaestum contulit; libertate usus
est, quo impunius dicax esset.

Quare, quod socium tibi eum velles adiungere,
nihil erat, nisi ut in tua pecunia condisceret, qui pecuniae fructus esset. Tamen, inductus consuetudine
ac familiaritate, Quintius fecit (ut dixi) societatem
earum rerum quae in Gallia comparabantur. Erat ei
pecuaria res ampla, et rustica sane bene culta et frue-
tuosa. Tollitur ab atriis Liciniis, atque a praeconum
consessu, in Galliam Naevius, et trans Alpes usque
transfertur. Fit magna mutatio loci, non ingenii.
Nam, qui ab adolescentulo quaestum sibi instituisset
sine impendio, posteaquam nescio quid impendit, et
in commune contulit, mediocri quaestu contentus esse
non poterat. Nec mirum, si is, qui vocem venalem
habuerat, ea, quae voce quaesierat, magno sibi quaes-
tui fore putabat. Itaque, hercule, haud mediocriter
de communi, quidquid poterat, ad se in privatam
domum sevocabat.

72.

At nox, felicis Magno pars ultima vitae,
Sollicitos vana decepit imagine somnos.
Nam Pompeiani visus sibi sede theatri
Innumeram effigiem Romanae cernere plebis,
Adtollique suum laetis ad sidera nomen
Vocibus, et plausu cuneos certare sonantis.
Qualis erat populi facies clamorque faventis,
Olim quum iuvenis primique aetate triumphi
Post domitas gentes, quas torrens ambit Hiberus,
Et quaecumque fugax Sertorius impulit arma,
Vespere pacato, pura venerabilis aeque
Quam currus ornante toga, plaudente senatu,
Sedit adhuc Romanus eques.   Seu fine bonorum
Anxia venturis ad tempora laeta refugit,
Sive per ambages solitas contraria visis
Vaticinata quies, magni tulit omina planctus :
Seu vetito patrias ultra tibi cernere sedes,
Sic Romam Fortuna dedit.   Ne rumpite somnos,
Castrorum vigiles; nullas tuba verberet aures.
Crastina dira quies, et imagine maesta diurna
Undique funestas acies feret, undique bellum.
Unde pares somnos populi, noctemque beatam?
O felix, si te vel sic tua Roma videret.
Donassent utinam superi patriaeque tibique
Unum, Magne, diem, quo fati certus uterque
Extremum tanti fructum caperetis amoris.
Tu velut Ausonia vadis moriturus in urbe :
Illa, rati semper de te sibi conscia voti,
Hoc scelus haud umquam fatis haerere putavit,
Sic se dilecti tumulum quoque perdere Magni.

73.

Temporibus nostris aetas cum cedat avorum
    Creverit et maior cum duce Roma suo,
Ingenium sacri miraris deesse Maronis,
    Nec quemquam tanta bella sonare tuba.
Sint Maecenates, non deerunt, Flacce, Marones
    Vergiliumque tibi vel tua rura dabunt.
Iugera perdiderat miserae vicina Cremonae
    Flebat et abductas Tityrus aeger oves:
Risit Tuscus eques, paupertatemque malignam
    Reppulit et celeri iussit abire fuga.
" Accipe divitias et vatum maximus esto;
    Tu licet et nostrum " dixit " Alexin ames."
Astabat domini mensis pulcherrimus ille
    Marmorea fundens nigra Falerna manu,
Et libata dabat roseis carchesia labris,
    Quae poterant ipsum sollicitare Iovem.
Excidit attonito pinguis Galatea poetae
    Thestylis et rubras messibus usta genas;
Protinus ITALIAM concepit et ARMA VIRUMQUE,
    Qui modo vix Culicem fleverat ore rudi.
Quid Varios Marsosque loquar ditataque vatum
    Nomina, magnus erit quos numerare labor?
Ergo ero Vergilius, si munera Maecenatis
    Des mihi? Vergilius non ero, Marsus ero.

74.

Igitur Nero vitare secretos eius congressus: abscedentem in hortos, aut Tusculanum, vel Antiatem in agrum, laudare, quod otium lacesseret. Postremo, ubicumque haberetur, praegravem ratus, interficere constituit : hactenas consultans, veneno, an ferro, vel qua alia vi : placuitque primo venenum. Sed inter epulas principis si daretur, referri ad casum non poterat, tali iam Britannici exitio ; et ministros tentare arduum videbatur mulieris, usu scelerum adversus insidias intentae : atque ipsa praesumendo remedia munierat corpus. Ferrum ea caedes quonam modo occultaretur, nemo reperiebat ; et, ne quis, illi tanto facinori delectus, iussa sperneret, metuebat. Obtulit ingenium Anicetus libertus, classi apud Misenum praefectus, et pueritiae Neronis educator, ac mutuis odiis Agrippinae invisus. Ergo, navem posse componi, docet, cuius pars, ipso in mari per artem soluta, effunderet ignaram : nihil tam capax fortuitorum, quam mare ; et, si naufragio intercepta sit, quem adeo iniquum, ut sceleri assignet, quod venti et fluctus deliquerint ? Additurum principem defunctae templum et aras, et caetera ostentandae pietati.

75.

In medio classis aeratas, Actia bella,
Cernere erat totumque instructo Marte videres
Fervere Leucaten auroque effulgere fluctus.
Hinc Augustus agens Italos in proelia Caesar
Cum patribus populoque, penatibus et magnis dis,
Stans celsa in puppi ; geminas cui tempora flammas
Laeta vomunt patriumque aperitur vertice sidus.
Parte alia ventis et dis Agrippa secundis
Arduos agmen agens ; cui (belli insigne superbum)
Tempora navali fulgent rostrata corona.

Hinc ope barbarica variisque Antonius armis,
Victor ab Aurorae populis et litore rubro,
Aegyptum viresque Orientis et ultima secum
Bactra vehit, sequiturque (nefas) Aegyptia coniunx.
Una omnes ruere, ac totum spumare reductis
Convolsum remis rostrisque tridentibus aequor.
Alta petunt : pelago credas innare revolsas
Cycladas aut montis concurrere montibus altos,
Tanta mole viri turritis puppibus instant.
Stuppea fiamma manu telisque volatile ferrum
Spargitur, arva nova Neptunia caede rubescunt.
Regina in mediis patrio vocat agmina sistro
Necdum etiam geminos a tergo respicit anguis.
Omnigenumque deum monstra et latrator Anubis.

76.

Intrantibus fines Romanis non demigratum ex pro-
pinquis itineris locis, non cultus agrorum intermissus,
patentibus portis urbis togati obviam frequentes imperatoribus processere, commeatus exercitui comiter in
castra ex urbe et ex agris devehitur.   Camillus castris
ante portas positis eademne forma pacis, quae in agris
ostentaretur, etiam intra moenia esset, scire cupiens,
ingressus urbem ubi patentes ianuas et tabernis apertis
proposita omnia in medio vidit intentosque opifices suo
quemque operi, et ludos litterarum strepere discentium
vocibus, ac repletas semitas inter vulgus aliud puerorum
et mulierum huc atque illuc euntium, qua quemque
snorum usuum causae ferrent, nihil usquam non pavi-
dis modo sed ne mirantibus quidem si mile, circum-
spiciebat omnia inquirens oculis, ubinam bellum

fuisset : adeo nec amotae rei usquam nec oblatae ad tempus vestigium ullum erat, sed ita omnia constanti tranquilla pace, ut eo vix fama belli perlata videri posset.

77.

Dubius sum, quid faciam, inquit,
Tene relinquam, an rem. Me, sodes. Non faciam, ille,
Et praecedere coepit. Ego, ut contendere durum est
Cum victore, sequor. Maecenas quomodo tecum ?
Hinc repetit ; paucorum hominum et mentis bene sanae;
Nemo dexterius fortuna est usus. Haberes
Magnum adiutorem, posset qui ferre secundas,
Hunc hominem velles si tradere ; dispeream, ni
Submosses omnes. Non isto vivimus illic,
Quo tu rere, modo ; domus hac nec purior ulla est
Nec magis his aliena malis ; nil mi officit unquam,
Ditior hic aut est quia doctior ; est locus uni
Cuique suus. Magnum narras, vix credibile ! Atqui
Sic habet. Accendis, quare cupiam magis illi
Proximus esse. Velis tantummodo : quae tua virtus,
Expugnabis ; et est qui vinci possit, coque
Difficiles aditus primos habet. Haud mihi deero :
Muneribus servos corrumpam ; non, hodie si
Exclusus fuero, desistam ; tempora quaeram,
Occurram in triviis, deducam. Nil sine magno
Vita labore dedit mortalibus.

78.

Vidit enim hoc prudenter sive Simonides, sive alius quis invenit, ea maxime animis effingi nostris, quae

essent a sensu tradita atque impressa; acerrimum
autem ex omnibus nostris sensibus esse sensum
videndi: quare facillime animo teneri posse ea, quae
perciperentur auribus aut cogitatione, si etiam oculorum commendatione animis traderentur; ut res cae-
cas, et ab adspectus iudicio remotas, conformatio
quaedam, et imago, et figura ita notaret, ut ea, quae
cogitando complecti non possemus intuendo quasi
teneremus.

His autem formis atque corporibus, sicut omnibus
quae sub adspectum veniunt, admonetur memoria
nostra, atque excitatur: sed locis opus est: etenim
corpus intelligi sine loco non potest: quare, ne in re
nota et pervulgata multus et insolens sim, locis est
utendum multis, illustribus, explicatis, modicis inter-
vallis; imaginibus autem agentibus, acribus, insignitis,
quae occurrere, celeriterque percutere animum, possint.
Quam facultatem et exercitatio dabit; ex qua con-
suetudo gignitur; et similium verborum conversa et
immutata casibus, aut traducta ex parte ad genus
notatio, et, unius verbi imagine, totius sententiae in-
formatio, pictoris cuiusdam summi ratione et modo,
formarum varietate locos distinguentis.

79.

Ut multum demas nostrae de gurgite curae,
    Non minus exhausto quod superabit, erit.
Tempore ducetur longo fortasse cicatrix;
    Horrent admotas vulnera cruda manus.
Non est in medico semper, relevetur ut aeger.
    Interdum docta plus valet arte malum.

Cernis, ut e molli sanguis pulmone remissus
    Ad Stygias certo limite ducat aquas.
Afferat ipse licet sacras Epidaurius herbas,
    Sanabit nulla vulnera cordis ope.
Tollere nodosam nescit medicina podagram,
    Nec formidatis auxiliatur aquis.
Cura quoque interdum nulla medicabilis arte,—
    Aut, ut sit, longa est extenuanda mora.
Cum bene firmarunt animum praecepta iacentem,
    Sumptaque sunt nobis pectoris arma tui,
Rursus amor patriae ratione valentior omni
    Quod tua fecerunt scripta, retexit opus.
Sive pium vis hoc, sive hoc muliebre vocari,
    Confiteor misero molle cor esse mihi.
Non dubia est Ithaci prudentia : sed tamen optat
    Fumum de patriis posse videre focis.

80.

Sic lenito principis metu, et luce orta, itur ad Agrippinam, ut nosceret obiecta, dissolveretque, vel poena lueret. Burrus iis mandatis, Seneca coram, fungebatur : aderant et ex libertis arbitri sermonis. Deinde a Burro, postquam crimina et auctores exposuit, minaciter actum. Agrippina, ferociae memor, "Non miror," inquit, "Silanam, nunquam edito partu, matrum affectus ignotos habere. Neque enim perinde a parentibus liberi, quam ab impudica adulteri mutantur. Nec, si Iturius et Calvisius, adesis omnibus fortunis, novissimam suscipiendae accusationis operam anui rependunt, ideo aut mihi infamia parricidii, aut Caesari conscientia subeunda est. Nam Domitiae

inimicitiis gratias agerem, si benevolentia mecum in
Neronem meum certaret: nunc, per concubinum
Atimetum et histrionem Paridem, quasi scenae fabulas
componit. Baiarum snarum piscinas extollebat, cum
meis consiliis adoptio, et proconsulare ius et designatio
consulatus et caetera apiscendo imperio praepararentur.
Aut exsistat, qui cohortes in Urbe tentatas, qui pro-
vinciarum fidem labefactatam, denique servos vel
libertos ad scelus corruptos arguat. Vivere ego,
Britannico potiente rerum, poteram? at, si Plautus, aut
quis alius, remp. iudicaturus obtinuerit, desunt scilicet
mihi accusatores, qui non verba, impatientia caritatis
aliquando incauta, sed ea crimina obiciant, quibus,
nisi a filio, absolvi non possim." Commotis, qui
aderant, ultroque spiritus eius mitigantibus, colloquium
filii exposcit: ubi nihil pro innocentia, quasi diffi-
deret; nec beneficiis, quasi exprobraret, disseruit; sed
ultionem in delatores et praemia amicis obtinuit.

81.

Undique conveniunt, quoniam data copia pugnae
Bellatorque animo deus incidit.
Pandarus ut fuso germanum corpore cernit
Et quo sit fortuna loco, qui casus agat res,
Portam vi magna converso cardine·torquet,
Obnixus latis umeris, multosque snorum
Moenibus exclusos duro in certamine linquit;
Ast alios secum includit recipitque ruentis,
Demens, qui Rutulum in medio non agmine regem
Viderit inrumpentem ultroque incluserit urbi,
Immanem veluti pecora inter inertia tigrim.
Continuo nova lux oculis effulsit, et arma

Horrendum sonuere; tremunt in vertice cristae
Sanguineae, clipeoque micantia fulmina mittit:
Adgnoscunt faciem invisam atque immania membra
Turbati subito Aeneadae.   Tum Pandarus ingens
Emicat et mortis fraternae fervidus ira
Effatur: "non haec dotalis regia Amatae,
Nec muris cohibet patriis media Ardea Turnum.
Castra inimica vides; nulla hinc exire potestas."
Olli subridens sedato pectore Turnus
" Incipe, siqua animo virtus, et consere dextram:
Hic etiam inventum Priamo narrabis Achillem."
Dixerat.   Ille rudem nodis et cortice crudo
Intorquet summis adnixus viribus hastam.

82.

Credis ob hoc me, Pastor, opes fortasse rogare,
    Propter quod vulgus, crassaque turba rogat;
Ut Setina meos consumat gleba ligones,
    Et sonet innumera compede Tuscus ager;
Ut Mauri Libycis centum stent dentibus orbes,
    Et crepet in nostris aurea lamna toris;
Nec labris nisi magna meis crystalla terantur,
    Et faciant nigras nostra Falerna nives;
Ut Canusinatus nostro Syrus assere sudet,
    Et mea sit culto sella cliente frequens;
Aestuet ut nostro madidus conviva ministro,
    Quem permutatum nec Ganymede velim;
Ut lutulenta linat Tyrias mihi mula lacernas,
    Et Massyleum virga gubernet equum.
Est nihil ex istis: superos ac sidera testor.
    Ergo quid?   Ut donem, Pastor, et aedificem.

E

83.

Fuit enim Scipio non veris tantum virtutibus mir-
abilis, sed arte quoque quadam ab inventa in ostenta-
tionem earum compositus, pleraque apud multitudinem
aut *ut* per nocturnas visa species aut velut divinitus
mente monita agens, sive et ipse capti quadam superstitione animi, sive ut imperia consiliaque velut sorte
oraculi missa sine cunctatione exsequerentur.   Ad hoc
iam inde ab initio praeparans animos, ex quo togam
virilem sumpsit, nullo die prius ullam publicam priva-
tamque rem egit, quam in Capitolium iret ingressusque
aedem consideret et plerumque solus in secreto ibi
tempus tereret.   Hic mos, *quem* per omnem vitam
servabat, seu consulto seu temere vulgatae opinioni
fidem apud quosdam fecit stirpis eum divinae virum
esse, rettulitque famam in Alexandro Magno prius
vulgatam, et vanitate et fabula parem, anguis immanis
concubitu conceptum, et in cubiculo matris eius visam
persaepe prodigii eius speciem interventuque hominum
evolutam repente atque ex oculis elapsam.   His mira-
culis numquam ab ipso elusa fides est; quin potins
aucta arte quadam nec abnuendi tale quicquam nec
palam adfirmandi.   Multa alia eiusdem generis, alia
vera, alia adsimulata, admirationis humanae in eo
iuvene excesserant modum ; quibus freta tunc civitas
aetati haudquaquam maturae tantam rerum molem
tantumque imperium permisit.

84.

In silvam non ligna feras insanius ac si
Magnas Graecorum malis implere catervas.

Turgidus Alpinus iugulat dum Memnona, dumque
Defingit Rheni luteum caput, haec ego ludo,
Quae neque in aede sonent certantia iudice Tarpa,
Nec redeant iterum atque iterum spectanda theatris.
   Arguta meretrice potes Davoque Chremeta
Eludente senem comis garrire libellos
Unus vivorum, Fundani ; Pollio regum
Facta canit pede ter percusso ; forte epos acer
Ut nemo Varius ducit ; molle atque facetum
Virgilio annuerunt gaudentes rure Camenae.
Hoc erat, experto frustra Varrone Atacino
Atque quibusdam aliis, melius quod scribere possem,
Inventore minor ; neque ego illi detrahere ausim
Haerentem capiti cum multa laude coronam.
At dixi fluere hunc lutulentum, saepe ferentem
Plura quidem tollenda relinquendis.   Age, quaeso,
Tu nihil in magno doctus reprehendis Homero ?
Nil comis tragici mutat Lucilius Acci ?

85.

Qui vero se populares volunt, ob eamque causam
aut agrariam rem tentant, ut possessores suis sedibus
pellantur, aut pecunias creditas debitoribus condo-
nandas putant ; ii labefactant fundamenta reipublicae ;
concordiam primum, quae esse non potest, cum aliis
adimuntur, aliis condonantur pecuniae ; deinde aequitatem, quae tollitur omnis, si habere suum cuique non
licet.   Id enim est proprium (ut supra dixi) civitatis
atque urbis, ut sit libera et non sollicita suae rei
cuiusque custodia.
   Atque, in hac pernicie reipublicae, ne illam qui-

dem consequuntur, quam putant, gratiam. Nam,
cui res erepta est, est inimicus ; cui data, etiam dis-
simulat se accipere voluisse : et maxime in pecuniis
creditis occultat suum gaudium, ne videatur non
fuisse solvendo. At vero ille, qui accipit iniuriam,
et meminit, et prae se fert dolorem suum : nec, si
plures sunt ii, quibus improbe datum est, quam illi
quibus iniuste ademtum est, idcirco plus etiam valent.
Non enim numero haec iudicantur, sed pondere.
Quam autem habet aequitatem, ut agrum, multis annis aut etiam saeculis ante possessum, qui nullum
habuit, habeat ; qui autem habuit, amittat ?

86.

"Quis nolet in isto
Ense mori, quamvis alieno vulnere labens,
Et scelus esse tuum ?   Melius tranquilla sine armis
Otia solus ages, sicut caelestia semper
Inconcussa suo volvuntur sidera lapsu.
Fulminibus propior terrae succenditur aer,
Imaque telluris ventos tractusque coruscos
Flammarum accipiunt : nubes excedit Olympus
Lege deum.   Minimas rerum discordia turbat :
Pacem summa tenent.   Quam laetae Caesaris aures
Accipient, tantum venisse in proelia civem !
Nam praelata suis numquam diversa dolebit
Castra ducis Magni.   Nimium placet ipse, Catoni
Si bellum civile placet.   Pars magna senatus
Et duce privato gesturus proelia consul
Sollicitant, proceresque alii : quibus adde Catonem
Sub iuga Pompeii, toto iam liber in orbe

Solus Caesar erit.   Quod si pro legibus arma
Ferre juvat patriis, libertatemque tueri :
Nunc neque Pompeii Brutum nec Caesaris hostem,
Post bellum victoris habes."   Sic fatur.   At illi
Arcano sacras reddit Cato pectore voces.

87.

Congruens crediderim, recensere caeteras quoque
reipubl. partes, quibus modis ad eam diem habitae sint :
quando Tiberio mutati in deterius principatus initium
ille annus attulit.   Iam primum, publica negotia, et
privatorum maxima, apud patres tractabantur : daba-
turque primoribus disserere : et in adulationem lapsos
cohibebat ipse : mandabatque honores, nobilitatem
maiorum, claritudinem militiae, illustres domi artes
spectando ; ut satis constaret, non alios potiores fuisse.
Sua consulibus, sua praetoribus species : minorum
quoque magistratuum exercita potestas ; legesque, si
majestatis quaestio eximeretur, bono in usu.   At
frumenta et pecuniae vectigales, caetera publicorum
fructuum, societatibus equitum Romanorum agita-
bantur.   Res suas Caesar spectatissimo cuique, quibusdam ignotis ex fama mandabat ; semelque assumti
tenebantur, prorsus sine modo, cum plerique iisdem
negotiis insenescerent.   Plebes acri quidem annona
fatigabatur : sed nulla in eo culpa ex principe : quin in-
fecunditati terrarum, aut asperis maris obviam iit, quantum impendio diligentiaque poterat.   Et, ne provinciae
novis oneribus turbarentur, utque vetera sine avaritia
aut crudelitate magistratuum tolerarent, providebat :
corporum verbera, ademtiones bonorum aberant.

88.

Interea soror alma monet succurrere Lanso
Turnum, qui volucri curru medium secat agmen.
Ut vidit socios : tempus desistere pugnae ;
Solus ego in Pallanta feror, soli mihi Pallas
Debetur : cuperem, ipse parens spectator adesset.
Haec ait : et socii cesserunt aequore iusso.
At, Rutulum abscessu, iuvenis tum iussa superba
Miratus, stupet in Turno : corpusque per ingens
Lumina volvit, obitque truci procul omnia visu,
Talibus et dictis it contra dicta tyranni :
Aut spoliis ego iam raptis laudabor opimis,
Aut leto insigni : sorti pater aequus utrique est :
Tolle minas.   Fatus medium procedit in aequor.
Frigidus Arcadibus coit in praecordia sanguis.
   Desiluit Turnus biugis, pedes apparat ire
Cominus : utque leo, specula cum vidit ab alta
Stare procul campis meditantem praelia taurum,
Advolat : haud alia est Turni venientis imago.

89.

Foedus insequens annus seu intemperie caeli seu
humana fraude fuit, M. Claudio Marcello T. Valerio
consulibus.   Flaccum Potitumque varie in annalibus
cognomen consulis invenio.   Ceterum in eo parvi refert
quid veri sit ; illud pervelim—nec omnes auctores sunt
—proditum falso esse, venenis absumptos, quorum
mors infamem annum pestilentia fecerit : sicut proditur
tamen res, ne cui auctorum fidem abrogaverim, ex-
ponenda est.   Cum primores civitatis similibus morbis

eodemque ferme omnes eventu morerentur, ancilla
quaedam ad Q. Fabium Maximum aedilem curulem
indicaturam se causam publicae pestis professa est, si
ab eo fides sibi data esset, haud futurum noxiae indicium.   Fabius confestim rem ad consules, consules ad
senatum referunt, consensuque ordinis fides indici data.
Tum patefactum muliebri fraude civitatem premi mat-
ronasque ea venena coquere, et, si sequi extemplo
velint, manifesto deprehendi posse.   Secuti indicem et
coquentis quasdam medicamenta et recondita alia in-
venerunt.   Quibus in forum delatis et ad viginti
matronis, apud quas deprehensa erant, per viatorem
accitis, duae ex eis Cornelia ac Sergia, patriciae utraque
gentis, cum ea medicamenta salubria esse contenderent,
ab confutante indice bibere iussae, ut se falsum com-
mentam arguerent, spatio ad conloquendum sumpto
cum summoto populo in conspectu omnium rem ad
ceteras rettulissent, haud abnuentibus et illis bibere,
epoto medicamento suamet ipsae fraude omnes interi-
erunt.

90.

Millia : me pedibus delectat claudere verba
Lucili ritu nostrum melioris utroque.
Ille velut fidis arcana sodalibus olim
Credebat libris, neque, si male cesserat, unquam
Decurrens alio, neque si bene ; quo fit, ut omnis
Votiva pateat veluti descripta tabella
Vita senis.   Sequor hunc, Lucanus an Apulus anceps :
Nam Venusinus arat finem sub utrumque colonus,
Missus ad hoc pulsis, vetus est ut fama, Sabellis,

Quo ne per vacuum Romano incurreret hostis,
Sive quod Apula gens seu quod Lucania bellum
Incuteret violenta.　Sed hic stilus haud petet ultro
Quemquam animantem et me veluti custodiet ensis
Vagina tectus; quem cur destringere coner
Tutus ab infestis latronibus?　O pater et rex
Iuppiter, ut pereat positum rubigine telum,
Nec quisquam noceat cupido mihi pacis!

91.

Quid faciat laetas segetes: quo sidere terram
Vertere, Maecenas, ulmisque adiungere vites,
Conveniat: quae cura boum, qui cultus habendo
Sit pecori: atque apibus quanta experientia parcis:
Hinc canere incipiam.　Vos, o clarissima mundi
Lumina, labentem coelo quae ducitis annum,
Liber et alma Ceres; vestro si munere tellus
Chaoniam pingui glandem mutavit arista,
Poculaque inventis Acheloia miscuit uvis:
Et vos agrestum praesentia numina Fauni,
Ferte simul Faunique pedem dryadesque puellae:
Munera vestra cano.　Tuque o, cui prima frementem
Fudit equum magno tellus percussa tridenti,
Neptune: et cultor nemorum, cui pinguia Cacae
Ter centum nivei tondent dumeta iuvenci:
Ipse nemus linquens patrium, saltusque Lycaei,
Pan ovium custos, tua si tibi Maenala curae,
Adsis o Tegeaee favens: oleaeque Minerva
Inventrix, uncique puer monstrator aratri:
Et teneram ab radice ferens, Sylvane, cupressum:
Dique Deaeque omnes, studium quibus arva tueri;

Quique novas alitis nonnullo semine fruges,
Quique satis largum coelo demittitis imbrem.

Tuque adeo, quem mox quae sint habitura Deorum
Concilia, incertum est, urbisne invisere, Caesar,
Terrarumque velis curam : et te maximus orbis
Auctorem frugum, tempestatumque potentem
Accipiat, cingens materna tempora myrto :
An Deus immensi venias maris, ac tua nautae
Numina sola colant : tibi serviat ultima Thule,
Teque sibi generum Tethys emat omnibus undis.

92.

Hic rerum urbanarum status erat, cum Pannonicas
legiones seditio incessit ; nullis novis causis, nisi quod
mutatus princeps licentiam turbarum, et ex civili bello
spem praemiorum ostendebat. Castris aestivis tres
simul legiones habebantur, praesidente Iunio Blaeso ;
qui, fine Augusti et initiis Tiberii auditis, ob iustitium
aut gaudium intermiserat solita munia. Eo principio
lascivire miles, discordare, pessimi cuiusque sermonibus
praebere aures, denique luxum et otium cupere, dis-
ciplinam et laborem adspernari. Erat in castris
Percennius quidam, dux olim theatralium operarum,
dein gregarius miles, procax lingua, et miscere coetus
histrionali studio doctus. Is imperitos animos, et,
quaenam post Augustum militiae conditio, ambigentes,
impellere paulatim nocturnis colloquiis, aut flexo in
vesperam die, et, dilapsis melioribus, deterrimum quemque congregare. Postremo, promtis iam et aliis
seditionis ministris, velut concionabundus interrogabat.

93.

Proxima lux vacua est.   At tertia dieta Quirino.
　　Qui tenet hoc nomen, Romulus ante fuit:
Sive quod hasta curis priscis est dicta Sabinis,
　　Bellicus a telo venit in astra deus:
Sive suo regi nomen posuere Quirites:
　　Seu quia Romanis iunxerat ille Cures.
Nam pater armipotens postquam nova moenia vidit,
　　Multaque Romulea bella peracta manu,
" Iuppiter," inquit " habet Romano potentia vires:
　　Sanguinis officio non eget illa mei.
Redde patri natum,   Quamvis intercidit alter,
　　Pro se proque Remo qui mihi restat, erit.
' Unus erit, quem tu tolles in caerula caeli '
　　Tu mihi dixisti : sint rata dicta Iovis."
Iuppiter annuerat.   Nutu tremefactus uterque
　　Est polus, et caeli pondera movit Atlas.

94.

Iam admodum mitigati animi raptis erant.   At rapta-
rum parentes tum maxime sordida veste lacrimisque et
querellis civitates concitabant.   Nec domi tantum in-
dignationes continebant, sed congregabantur undique ad
Titum Tatium, regem Sabinorum, et legationes eo,
quod maximum Tatii nomen in iis regionibus erat, con-
veniebant.   Caeninenses Crustuminique et Antemnates
erant, ad quos eius iniuriae pars pertinebat.   Lente
agere his Tatius Sabinique visi sunt; ipsi inter se tres
populi communiter bellum parant.   Ne Crustumini
quidem atque Antemnates pro ardore iraque Caenin-

ensium satis se inpigre movent : ita per se ipsum nomen
Caeninum in agrum Romanum impetum facit. Sed
effuse vastantibus fit obvins cum exercitu Romulus,
levique certamine docet vanam sine viribus iram esse.
Exercitum fundit fugatque, fusum persequitur ; regem
in proelio obtruncat et spoliat ; duce hostium occiso
urbem primo impetu capit.

95.

Ibitis Aegaeas sine me, Messala, per undas,
    O utinam memores ipse cohorsque mei :
Me tenet ignotis aegrum Phaeacia terris :
    Abstineas avidas, Mors precor atra, manus.
Abstineas, Mors atra, precor : non hic mihi mater
    Quae legat in maestos ossa perusta sinus,
Non soror, Assyrios cineri quae dedat odores
    Et fleat effusis ante sepulcra comis,
Delia non usquam ; quae me cum mitteret urbe,
    Dicitur ante omnes consuluisse deos.
Illa sacras pueri sortes ter sustulit ; illi
    Rettulit e triviis omina certa puer.
Cuneta dabant reditus : tamen est deterrita nunquam,
    Quin fleret nostras prospiceretque vias.
Ipse ego solator, cum iam mandata dedissem,
    Quaerebam tardas auxins usque moras.
Aut ego sum causatus aves aut omina dira,
    Saturnive sacram me tenuisse diem.
O quotiens ingressus iter mihi tristia dixi
    Offensum in porta signa dedisse pedem !
Audeat invito ne quis discedere Amore,
    Aut seiat egressum se prohibente deo.

96.

Interea Dryadum sylvas saltusque sequamur
Intactos, tua, Maecenas, haud mollia iussa.
Te sine nil altum mens inchoat : en age, segues
Rumpe moras : vocat ingenti clamore Cithaeron,
Taygetique canes, domitrixque Epidaurus equorum :
Et vox assensu nemorum ingeminata remugit.
Mox tamen ardentes accingar dicere pugnas
Caesaris, et nomen fama tot ferre per annos,
Tithoni prima quot abest ab origine Caesar.
    Seu quis, Olympiacae miratus praemia palmae,
Pascit equos, seu quis fortes ad aratra iuvencos ;
Corpora praecipue matrum legat.   Optima torvae
Forma bovis, cui turpe caput, cui plurima cervix,
Et crurum tenus a mento palearia pendent.
Tum longo nullus lateri modus : omnia magna :
Pes etiam, et camuris hirtae sub cornibus aures.
Nec mihi displiceat maculis insignis et albo :
Aut iuga detrectans, interdumque aspera cornu,
Et faciem tauro propior : quaeque ardua tota,
Et gradiens ima verrit vestigia cauda.

97.

Sed mihi, haec ac talia audienti, in incerto iudicium
est, fato-ne res mortalium et necessitate immutabili, an
forte volvantur : quippe sapientissimos veterum, quique sectam eorum aemulantur, diversos reperies ; ac
multis insitam opinionem, non initia nostri, non finem,
non denique homines Diis curae : ideo creberrime et
tristia in bonos, et laeta apud deteriores esse.   Contra

alii, fatum quidem congruere rebus, putant, sed non e vagis stellis, verum apud principia et nexus naturalium causarum : ac tamen electionem vitae nobis relinquunt; quam ubi elegeris, certum imminentium ordinem : neque mala vel bona, quae vulgus putet : multos, qui conflictari adversis videantur, beatos, ac plerosque, quamquam magnas per opes, miserrimos ; si illi gravem fortunam constanter tolerent, hi prospera inconsulte utantur. Caeterum plurimis mortalium non eximitur, quin primo cuiusque ortu ventura destinentur : sed quaedam secus, quam dicta sint, cadere, fallaciis ig- nara dicentium : ita corrumpi fidem artis, cuius clara documenta et antiqua aetas et nostra tulerit. Quippe a filio eiusdem Thrasylli praedictam Neronis imperium in tempore memorabitur, ne nunc incepto longius abierim.

98.

Ludi magister, parce simplici turbae :
Sic te frequentes audiant capillati
Et delicatae diligat chorus mensae,
Nec calculator nec notarius velox
Maiore quisquam circulo coronetur.
Albae leone flammeo calent luces
Tostamque fervens Iulius coquit messem.
Cirrata loris horridis Scythae pellis,
Qua vapulavit Marsyas Celaenaeus,
Ferulaeque tristes, sceptra paedagogorum,
Cessent et Idus dormiant in Octobres :
Aestate pueri si valent, satis discunt.

99.

Itaque cum aperta vi parum procederet consuli res,
cuniculum occultum vineis ante contecto loco agere
instituit ; et aliquamdiu, cum dies noctesque in opere
essent, non solum sub terra fodientes sed egerentes
etiam humum fefellere hostem.   Cumulus repente terrae
eminens index operis oppidanis fuit, pavidique, ne iam
subrutis muris facta in urbem via esset, fossam intra
murum e regione eius operis, quod vineis contectum
erat, ducere instituunt.   Cuius ubi ad tantam alti-
tudinem, quantae esse solum infimum cuniculi poterat,
pervenerunt, silentio facto pluribus locis aure admota
sonitum fodientium captabant.   Quem ubi acceperunt,
aperiunt reetam in cuniculum viam nec fuit magni
operis ; momento enim ad inane suspenso fulturis ab
hostibus muro pervenerunt.   Ibi commissis operibus,
cum e fossa in cuniculum pateret iter, primo ipsis
ferramentis, quibus in opere usi erant, deinde celeriter
armati etiam subeuntes occultam sub terra ediderunt
pugnam ; segnior deinde ea facta est intersaepientibus
cuniculum, ubi vellent, nunc ciliciis praetentis nunc
foribus raptim obiectis.   Nova etiam haud magna
operis adversus eos, qui in cuniculo erant, excogitata
res.   Dolium a fundo pertusum, qua fistula modica
inseri posset, et ferream fistulam operculumque dolii
ferreum, et ipsum pluribus locis perforatum, fecerunt.
Hoc tenui pluma completum dolium ore in cuniculum
verso posuerunt.   Per operculi foramina praelongae
hastae, quas sarisas vocant, ad summovendos hostes
eminebant.   Scintillam levem ignis inditam plumae

folle fabrili ad caput fistulae imposito flando accend-
erunt. Inde non solum magna vis fumi sed acrior
etiam foedo quodam odore ex adusta pluma cum totum
cuniculum complesset, vix durare quisquam intus
poterat.

100.

       Quae sustulit illum
Imposuitque orbi, communis gloria nobis :
Nos quoque sublimes Magnus facit. Adspice litus,
Spem nostri sceleris : pollutos consule fluctus,
Quid liceat nobis : tumulumque e pulvere parvo
Adspice Pompeii non omnia membra tegentem.
Quem metuis, par huius erat. Non sanguine clari :
Quid refert? nec opes populorum ac regna movemus :
Ad scelus ingentis fati sumus. Adtrahit illos
In nostras Fortuna manus. En, altera venit
Victima nobilior. Placemus caede secunda
Hesperias gentes. Iugulus mihi Caesaris haustus
Hoc praestare potest, Pompeii caede nocentis
Ut populus Romanus amet. Quid nomina tanta
Horremus, viresque ducis, quibus ille relictis
Miles erit? Nox haec peraget civilia bella,
Inferiasque dabit populis, et mittet ad umbras,
Quod debetur adhuc mundo caput. Ite feroces
Caesaris in iugulum : praestet Lagea iuventus
Hoc regi, Romana sibi. Tu parce morari :
Plenum epulis, madidumque mero, Venerique paratum
Invenies : aude : superi tot vota Catonum
Brutorumque tibi tribuent.

101.

Quaenam vos tanto fortuna indigna, Latini,
Implicuit bello, qui nos fugiatis amicos?
Pacemne exanimis et Martis sorte peremptis
Oratis? equidem et vivis concedere vellem.
Nec veni, nisi fata locum sedemque dedissent:
Nec bellum cum gente gero.   Rex nostra reliquit
Hospitia, et Turni potins se credidit armis.
Æquins huic Turnum fuerat se opponere morti.
Si bellum finire manu, si pellere Teueros
Apparat; his decuit mecum concurrere telis:
Vixet, cui vitam Deus aut sua dextra dedisset.
Nunc ite, et miseris supponite civibus ignem.
    Dixerat Æneas: olli obstupuere silentes,
Conversique oculos inter se atque ora tenebant.
Tum senior, semperque odiis et crimine Drances
Infensus iuveni Turno, sic ore vicissim
Orsa refert: O fama ingens, ingentior armis,
Vir Trojane, quibus coelo te laudibus aequem?
Iustitiae-ne prius mirer, belli-ne laborum?
Nos vero haec patriam grati referemus ad urbem:
Et te, si qua viam dederit fortuna, Latino
Iungemus regi: quaerat sibi foedera Turnus.

102.

Quoties causas belli et necessitatem nostram intueor,
magnus mihi animus est, hodiernum diem, consen-
sumque vestrum, initium libertatis totius Britanniae
fore: nam et universi servitutis expertes, et nullae

ultra terrae, ac ne mare quidem securum, imminente
nobis classe Romana : ita proelium atque arma, quae
fortibus honesta, eadem etiam ignavis tutissima, sunt.
Priores pugnac, quibus adversus Romanos varia fortuna
certatum est, spem ac subsidium in nostris manibus
habebant ; quia nobilissimi totius Britanniae, coque in
ipsis penetralibus siti, nec servientium litora adspi-
cientes, oculos quoque a contactu dominationis in-
violatos habebamus. Nos, terrarum ac libertatis ex-
tremos, recessus ipse ac sinus famae in hunc diem
defendit : nunc terminus Britanniae patet : atque omne
ignotum pro magnifico est. Sed nulla iam ultra gens ;
nihil nisi fluctus et saxa ; et infestiores Romani ;
quorum superbiam frustra per obsequium et modestiam
effugeris.

103.

Huic ego vulgus
Errori similem cunctum insanire docebo.
Insanit veteres statuas Damasippus emendo
Integer est mentis Damasippi creditor. Esto !
" Accipe quod nunquam reddas mihi," si tibi dicam,
Tune insanus eris, si acceperis ? an magis excors
Reiecta praeda, quam praesens Mercurius fert ?
Scribe decem a Nerio ; non est satis : adde Cicutae
Nodosi tabulas centum, mille adde catenas :
Effugiet tamen haec sceleratus vincula Proteus.
Cum rapies in ius malis ridentem alienis,
Fiet aper, modo avis, modo saxum et, cum volet,
    arbor.

F

104.

Anagnia duo prodigia eo anno sunt nuntiata, facem in caelo conspectam, et bovem feminam locutam pub- lice ali. Minturnis quoque per eos dies caeli ardentis species adfulserat. Reate imbri lapidavit. Cumis in arce Apollo triduum ac tres noctes lacrimavit. In urbe Romana duo aeditui nuntiarunt, alter in aede Fortunae anguem iubatum a compluribus visum esse, alter in aede Primigeniae Fortunae, quae in colle est, duo diversa prodigia, palmam in area enatam, et san- guine interdiu pluvisse. Duo non suscepta prodigia sunt, alterum, quod in privato loco factum esset,— palmam enatam in impluvio suo T. Marcius Figulus nuntiabat,—alterum, quod in loco peregrino : Fregellis in domo L. Atrei hasta, quam filio militi emerat, interdiu plus duas horas arsisse, ita ut nihil eius ambu- reret ignis, dicebatur. Publicorum prodigiorum causa libri a decemviris aditi : quadraginta maioribus hostiis quibus diis consules sacrificarent ediderunt, et ut supplicatio fieret, cunctique magistratus circa omnia pulvinaria victimis maioribus sacrificarent, populusque coronatus esset. Omnia, uti decemviri praeierunt, facta.

105.

Est sane iocus iste, quod libellum
Misisti mihi, Gryphe, pro libello.
Urbanum tamen hoc potest videri,
Si, post hoc, aliquid mihi remittas :
Nam, si ludere, Gryphe, perseveras,

Non ludis.   Licet, ecce, computemus :
Noster, purpureus novusque charta,
Et binis decoratus umbilicis,
Praeter me, mihi constitit decussi.
Tu rosum tineis, situque putrem,
Quales aut Libycis madent olivis,
Aut thus Niliacum piperve servant,
Aut Byzantiacos olent lacertos ;
Nec saltem tua dicta continentem,
Quae trino iuvenis foro tonabas,
Aut centum prope iudices, prius quam
Te Germanicus arbitrum sequenti
Annonae dedit, omniumque late
Praefecit stationibus viarum ;
Sed Bruti senis oscitationes.

106.

Sed iam impedior egomet, iudices, dolore animi, ne
de huius miseria plura dicam.   Vestrae iam sunt
partes, iudices : in vestra mansuetudine atque humani-
tate causam totam repono.   Vos, reiectione interposita,
nihil suspicantibus nobis, repentini in nos indices con-
sedistis, ab accusatoribus delecti ad spem acerbitatis,
a fortuna nobis ad praesidium innocentiae constituti.
Ut ego, quid de me populus Romanus existimaret,
quia severus in improbos fueram, laboravi, et, quae
prima innocentis mihi defensio est oblata, suscepi ; sic
vos severitatem iudiciorum, quae per hos menses in
homines audacissimos facta est, lenitate ac misericordia
mitigate.   Hoc cum impetrare a vobis ipsa causa debet,
tum est vestri animi atque virtutis declarare, non esse

eos vos, ad quos potissimum, interposita reiectione, devenire convenerit. In quo ego, indices, vos, quantum meus amor in vos postulat, tantum hortor, ut communi studio, quoniam in [re publica] coniuncti sumus, mansuetudine et misericordia vestra falsam a nobis crudelitatis famam repellamus.

107.

Ille, humilis supplexque, oculos dextramque precantem
Protendens : Equidem merui, nec deprecor, inquit ;
Utere sorte tua.   Miseri te si qua parentis
Tangere cura potest, oro (fuit et tibi talis
Anchises genitor) Dauni miserere senectae :
Et me, seu corpus spoliatum lumine mavis,
Redde meis.   Vicisti, et victum tendere palmas
Ausonii videre : tua est Lavinia coniux.
Ulterius ne tende odiis.   Stetit acer in armis
Æneas, volvens oculos, dextramque repressit.
Et iam iamque magis cunctantem flectere sermo
Coeperat : infelix humero cum apparuit ingens
Balteus, et notis fulserunt cingula bullis
Pallantis pueri : victum quem vulnere Turnus
Straverat, atque humeris inimicum insigne gerebat.
    Ille oculis postquam saevi monumenta doloris,
Exuviasque hausit : furiis accensus, et ira
Terribilis : tu ne hinc spoliis indute meorum
Eripiare mihi ?   Pallas te hoc vulnere, Pallas
Immolat, et poenam scelerato ex sanguine sumit.
Hoc dicens, ferrum adverso sub pectore condit
Fervidus : ast illi solvuntur frigore membra,
Vitaque cum gemitu fugit indignata sub umbras.

108.

Coelum crebris imbribus ac nebulis foedum : asperitas
frigorum abest.   Dierum spatia ultra nostri orbis men-
suram, et nox clara et extrema Britanniae parte brevis,
ut finem atque initium lucis exiguo discrimine inter-
noscas.   Quod si nubes non officiant, adspici per
noctem Solis fulgorem, nec occidere et exsurgere, sed
transire affirmant.   Scilicet extrema et plana terrarum,
humili umbra, non erigunt tenebras, infraque coelum
et sidera nox cadit.   Solum, praeter oleam vitemque
et caetera calidioribus terris oriri sueta, patiens frugum,
fecundum.   Tarde mitescunt, cito proveniunt : eadem
utriusque rei causa, multus humor terrarum coelique.
Fert Britannia aurum et argentum et alia metalla, pretium victoriae : gignit et Oceanus margarita, sed sub-
fusca ac liventia.   Quidam artem abesse legentibus
arbitrantur : nam in rubro mari viva ac spirantia saxis
avelli, in Britannia, prout expulsa sint, colligi : ego
facilius crediderim, naturam margaritis deesse, quam
nobis avaritiam.

109.

Forte quid expediat communiter aut melior pars
    Mahs carere quaeritis laboribus :
Nulla sit hac potior sententia, Phocaeorum
    Velut profugit exsecrata civitas
Agros atque Lares patrios habitandaque fana
    Apris reliquit et rapacibus lupis,
Ire pedes quocunque ferent, quocunque per undas
    Notus vocabit aut protervus Africus.

Sic placet? an melius quis habet suadere?   Secunda
   Ratem occupare quid moramur alite?
Sed iuremus in haec: simul imis saxa renarint
   Vadis levata, ne redire sit nefas;
Neu conversa domum pigeat dare lintea, quando
   Padus Matina laverit cacumina,
In mare seu celsus procurrerit Apenninus,
   Novaque monstra iunxerit libidine
Mirus amor, iuvet ut tigres subsidere cervis,
   Adulteretur et columba miluo,
Credula nec ravos timeant armenta leones,
   Ametque salsa levis hircus aequora.

110.

Hannibal quarta vigilia ferme ad urbem accessit.
Primi agminis erant perfugae Romanorum et arma
Romana habebant.   Ii, ubi ad portam est ventum,
Latine omnes loquentes excitant vigiles, aperireque
portam iubent: consulem adesse.   Vigiles velut ad
vocem eorum excitati tumultuari, trepidare, moliri
portam.   Cataracta deiecta clausa erat; eam partim
vectibus levant, partim funibus subducunt in tantum
altitudinis, ubi subire recti possent.   Vixdum satis
patebat iter, cum perfugae certatim ruunt per portam;
et cum sescenti ferme intrassent, remisso fune, quo
suspensa erat, cataracta magno sonitu cecidit.   Sala-
pitani alii perfugas neglegenter ex itinere suspensa
umeris, ut inter pacatos, gerentis arma invadunt, alii
e turri eius portae murisque saxis, sudibus, pilis abster-
rent hostem.   Ita inde Hannibal suamet ipse fraude
captus abiit, profectusque ad Locrorum solvendam

obsidionem, quam *L.* Cincius summa vi, operibus tor-
mentorumque omni genere ex Sicilia advecto oppug-
nabat. Magoni iam haud ferme fidenti retenturum
defensurumque se urbem prima spes morte nuntiata
Marcelli adfulsit. Secutus inde nuntius Hannibalem
Numidarum equitatu praemisso ipsum, quantum ad-
celerare posset, cum peditum agmine sequi. Itaque
ubi primum Numidas edito e speculis signo adventare
sensit, et ipse patefacta repente porta ferox in hostes
erumpit. Et primo magis quia inproviso id fecerat,
quam quod par viribus esset, anceps certamen erat;
deinde, ut supervenere Numidae, tantus pavor Romanis
est iniectus, ut passim ad mare ac naves fugerent relictis operibus machinisque, quibus muros quatiebant.
Ita adventu Hannibalis soluta Locrorum obsidio est.

III.

Sextus ubi Oceano clivosum scandit Olympum
    Phoebus, et alatis aethera carpit equis,
Quisquis ades castaeque colis penetralia Vestae,
    Gratare, Iliacis turaque pone focis.
Caesaris innumeris, quo maluit ille mereri,
    Accessit titulis pontificalis honor.
Ignibus aeternis aeterni numina praesunt
    Caesaris : imperii pignora iuncta vides.
Di veteris Troiae, dignissima praeda ferenti,
    Qua gravis Aeneas tutus ab hoste fuit!
Ortus ab Aenea tangit cognata sacerdos
    Numina : cognatum, Vesta, tuere caput.
Quos sancta fovet ille manu, bene vivitis ignes.
    Vivite inextincti ; flammaque duxque, precor.

112.

Scio me patrocinium debere contumacissimae trienni
desidiae; quo absolvenda non esset inter illas quoque
urbicas occupationes, quibus facilius consequimur, ut
molesti potins, quam ut officiosi esse videamur; nedum
in hac provinciali solitudine, ubi nisi etiam intemper-
anter studemus, et sine solacio et sine excusatione
secessimus. Accipe ergo rationem. In qua hoc
maximum et primum est, quod civitatis aures, quibus
assueveram, quaero et videor mihi in alieno foro
litigare; si quid est enim, quod in libellis meis placeat,
dictavit auditor: illam iudiciorum subtilitatem, illud
materiarum ingenium, bibliothecas, theatra, convictus,
in quibus studere se voluptates non sentiunt, ad
summam omnium illa, quae delicati reliquimus, de-
sideramus quasi destituti. Accedit his municipalium
robigo dentium et indici loco livor, et unus aut alter
mali, in pusillo loco multi; adversus quod difficile est
habere cotidie bonum stomachum.

113.

Tu licet abiectus Tiberina molliter unda
　　Lesbia Mentoreo vina bibas opere,
Et modo tam celeres mireris currere lintres
　　Et modo tam tardas funibus ire rates,
Et nemus unde satas intendat vertice silvas,
　　Urgetur quantis Caucasus arboribus
Non tamen ista meo valeant contendere amori:
　　Nescit Amor magnis cedere divitiis.

Nam sive optatam mecum trahit illa quietem,
    Seu facili totum ducit amore diem,
Tum mihi Pactoli veniunt sub tecta liquores,
    Et legitur rubris gemma sub aequoribus :
Tum mihi cessuros spondent mea gaudia reges :
    Quae maneant, dum me fata perire volent.
Nam quis divitiis adverso gaudet Amore?
    Nulla mihi tristi praemia sint Venere.
Illa potest magnas heroum infringere vires,
    Illa etiam duris mentibus esse dolor.
Illa neque Arabium metuit transcendere limen,
    Nec timet ostrino, Tulle, subire toro
Et miserum toto iuvenem versare cubili :
    Quid relevant variis serica textilibus?
Quae mihi dum placata aderit, non ulla verebor
    Regna aut Alcinoi munera despicere.

114.

At enim nimis ego magnum beneficium Plancii facio
et, ut ais, id verbis exaggero ; quasi vero me tuo arbitratu et non meo gratum esse oporteat. " Quod istius
tantum meritum?" inquit. "An quia te non iugula-
vit?" Immo vero, quia iugulari passus non est. Quo
quidem tu loco, Cassi, etiam purgasti inimicos meos
meaeque vitae nullas ab illis insidias fuisse dixisti.
Posuit hoc idem Laterensis. Quam ob rem paulo
post de isto plura dicam ; de te tantum requiro, utrum
putes odium in me mediocre inimicorum fuisse—quod
fuit ullorum unquam barbarorum tam immane ac tam
crudele in hostem ?—an fuisse an iis aliquem aut famae
metum aut poenae, quorum vidisti toto illo anno ferrum

in foro, flammam in delubris, vim in tota urbe versari ?
Nisi forte existimas eos idcirco vitae mcae pepercisse,
quod de reditu meo nihil timerent.   Et quemquam
putas fuisse tam excordem, qui vivis his, stante urbe et
curia rediturum me, si viverem, non putaret ?   Quam
ob rem non debes is homo et is civis praedicare vitam
meam, quae fidelitate amicorum conservata sit, inimicorum molestia non esse appetitam.

115.

Aetherea tum forte plaga crinitus Apollo
Desuper Ansonias acies urbemque videbat,
Nube sedens : atque his victorem affatur Iulum :
Macte nova virtute, puer : sic itur ad astra,
Dis genite, et geniture Deos : iure omnia bella
Gente sub Assaraci fato ventura resident :
Nec te Troia capit.   Simul haec effatus, ab alto
Aethere se mittit, spirantes dimovet auras,
Ascaniumque petit : forma tum vertitur oris
Antiquum in Buten.   Hic Dardanio Anchisae
Armiger ante fuit, fidusque ad limina custos :
Tum comitem Ascanio pater addidit.   Ihat Apollo
Omnia longaevo similis, vocemque, coloremque
Et crines albos, et saeva sonoribus arma.

116.

Haec meditantibus, advenit proficiscendi hora, ex-
spectatione tristior : quippe intra vallum deformitas
haud perinde notabilis : detexit ignominiam campus et
dies.   Revulsae imperatorum imagines, inhonora signa,

fulgentibus hinc inde Gallorum vexillis : silens agmen, et velut longae exsequiae : dux Claudius Sanctus, effosso oculo : dirus ore, ingenio debilior. Duplicatur flagitium, postquam, desertis Bonnensibus castris, altera se legio miscuerat. Et, vulgata captarum legionum fama, cuncti, qui paulo ante Romanorum nomen borrebant, procurrentes ex agris tectisque, et undique effusi, insolito spectaculo nimium fruebantur. Non tulit ala Picentina gaudium insultantis vulgi : spretisque Sancti promissis aut minis, Magontiacum abeunt ; ac forte obvio interfectore Voculae, Longino, coniectis in eum telis, initium exsolvendae in posterum culpae fecere. Legiones, nihil mutato itinere, ante moenia Treverorum considunt.

117.

Hoc ego commodius quam tu, praeclare senator,
Milibus atque aliis vivo.   Quacunque libido est,
Incedo solus ; percontor, quanti olus ac far ;
Fallacem Circum vespertinumque pererro
Saepe Forum ; adsisto divinis ; inde domum me
Ad porri et ciceris refero laganique catinum ;
Coena ministratur pueris tribus, et lapis albus
Pocula cum cyatho duo sustinet ; adstat echinus
Vilis, cum patera guttus, Campana supellex.
Deinde eo dormitum, non sollicitus, mihi quod cras
Surgendum sit mane, obeundus Marsya, qui se
Vultum ferre negat Noviorum posse minoris.
Ad quartam iaceo ; post hanc vagor ; aut ego lecto
Aut scripto, quod me tacitum iuvet, ungor olivo,
Non quo fraudatis immundus Natta lucernis.

Ast ubi me fessum sol acrior ire lavatum
Admonuit, fugio Campum lusumque trigonem.
Pransus non avide, quantum interpellet inani
Ventre diem durare, domesticus otior.   Haec est
Vita solutorum misera ambitione gravique;
His me consolor victurum suavius, ac si
Quaestor avus, pater atque meus patruusque fuisset.

118.

Tum Postumius: "dedite interea [dedite]" inquit
"profanos nos, quos salva religione potestis; dedetis
deinde et istos sacrosanctos, cum primum magistratu
abierint, sed, si me audiatis, priusquam dedantur, hic
in comitio virgis caesos, hanc iam ut intercalatae
poenae usuram habeant.   Nam quod deditione nostra
negant exsolvi religione populum, id istos magis, ne
dedantur, quam quia ita se res habeat, dicere, quis
adeo iuris fetialium expers est, qui ignoret?   Neque
ego infitias eo, patres conscripti, tam sponsiones quam
foedera sancta esse apud eos homines, apud quos
iuxta divinas religiones fides humana colitur; sed
iniussu populi nego quicquam sanciri posse, quod
populum teneat.   An, si eadem superbia, qua sponsi-
onem istam expresserunt nobis Samnites, coegissent
nos verba legitima dedentium urbes nuncupare, dedi-
tum populum Romanum vos, tribuni, diceretis et
hanc urbem, templa, delubra, fines, aquas Samnitium
esse?   Omitto deditionem, quoniam de sponsione
agitur: quid tandem?   Si spopondissemus urbem
hanc relicturum populum Romanum si, incensurum,
si magistratus, si senatum, si leges non habiturum, si

sub regibus futurum. Di meliora, inquis. Atqui non
indignitas rerum sponsionis vinculum levat. Si quid
est, in quo obligari populus possit, in omnia potest."

119.

Nunc quoque tanta maris moles crevisset in astra,
Ni superum rector pressisset nubibus undas.
Non coeli nox illa fuit : latet obsitus aër
Infernae pallore domus, nimbisque gravatus
Deprimitur, fluctusque in nubibus accipit imbrem.
Lux etiam metuenda perit, nec fulgura currunt
Clara, sed obscurum nimbosus dissilit aër.
Tunc superum convexa fremunt, atque arduus axis
Insonuit, motaque poli compage laborant.
Extimuit natura chaos : rupisse videntur
Concordes clementa moras, rursusque redire
Nox manes mixtura deis. Spes una salutis,
Quod tanta mundi nondum periere ruina.

120.

Emerserit ex peculatus etiam iudicio : meditetur de
ducibus hostium, quos accepta pecunia liberavit :
videat, quid de illis respondeat, quos, in eorum locum
subditos, domi suae reservavit. Quaerat, non solum,
quemadmodum nostro crimini, verum etiam quo pacto
suae confessioni, possit mederi. Meminerit, se, priore
actione, clamore populi Romani infesto atque inimico
excitatum, confessum esse, duces a se praedonum
securi non esse percussos ; se iam tum esse veritum,
ne sibi crimini daretur, eos ab se pecunia liberatos.

Fateatur, (id, quod negari non potest) se, privatum hominem, praedonum duces vivos atque incolumes domi suae, posteaquam Romam redierit, usque dum per me licuerit, tenuisse.   Hoc, in illo maiestatis iudicio si licuisse sibi ostenderit, ego oportuisse con- cedam.   Ex hoc quoque evaserit; proficiscar eo, quo me iampridem vocat populus Romanus.

De iure enim libertatis et civitatis, suum putat esse iudicium; et recte putat.   Confringat iste sane vi sua consilia senatoria; quaestiones omnium perrumpat; evolet ex vestra severitate: mihi credite, arctioribus apud populum Romanum laqueis tenebitur.

121.

Pars, pedes ire parat campis; pars, arduus altis
Pulverulentus equis furit; omnes arma requirunt:
Pars leves clypeos et spicula lucida tergunt
Arvina pingui, subiguntque in cote secures:
Signaque ferre iuvat, sonitusque audire tubarum.
Quinque adeo magnae positis incudibus urbes
Tela novant: Atina potens, Tiburque superbum,
Ardea, Crustumerique, et turrigerae Antemnae.
Tegmina tuta cavant capitum, flectuntque salignas
Umbonum crates: alii thoracas ahenos,
Aut leves ocreas lento ducunt argento.
Vomeris huc et faleis honos, huc omnis aratri
Cessit amor; recoquunt patrios fornacibus cuses:
Classica iamque sonant: it bello tessera signum.
Hic galeam tectis trepidus rapit: ille frementes
Ad inga cogit equos, clypeumque auroque trilicen
Loricam induitur, fidoque accingitur ense.

122.

Eduxerant Batavi turrim, duplici tabulato, quam, praetoriae portae (is aequissimus locus) propinquantem, promoti contra validi asseres et incussae trabes perfregere, multa superstantium pernicie. Pugnatumque in perculsos subita et prospera eruptione. Simul a legionariis, peritia et arte praestantibus, plura struebantur. Praecipuum pavorem intulit suspensum et nutans machinamentum, quo repente demisso, praeter suorum ora singuli pluresve hostium sublime rapti, verso pondere intra castra effundebantur. Civilis, omissa oppugnandi spe, rursus per otium assidebat, nuntiis et promissis fidem legionum convellens.

123.

Sili, Castalidum decus sororum,
Qui periuria barbari furoris
Ingenti premis ore perfidosque
Astus Hannibalis levesque Poenos
Magnis cedere cogis Africanis:
Paulum seposita severitate,
Dum blanda vagus alea December
Incertis sonat hinc et hinc fritillis
Et ludit tropa nequiore talo,
Nostris otia commoda Camenis,
Nec torva lege fronte, sed remissa
Lascivis madidos iocis libellos.
Sic forsan tener ausus est Catullus
Magno mittere Passerem Maroni.

124.

Omnis ante me auctores secutus A. Cornelium Cossum tribunum militum secunda spolia opima Iovis Feretrii templo intulisse exposui. Ceterum, praeterquam quod ea rite opima spolia habentur quae dux duci detraxit, nec ducem novimus nisi cuius auspicio bellum geritur, titulus ipse spoliis inscriptus illos meque arguit consulem ea Cossum cepisse. Hoc ego cum Augustum Caesarem, templorum omnium conditorem ac restitutorem, ingressum aedem Feretrii Iovis, quam vetustate dilapsam refecit, se ipsum in thorace linteo scriptum legisse audissem, prope sacrilegium ratus sum Cosso spoliorum snorum Caesarem, ipsius templi auctorem, subtrahere testem. Qui si ea in re sit error, quod tam veteres annales quodque magistratum libri, quos linteos in aede repositos Monetae Macer Licinius citat identidem auctores, decimo post demum anno cum T. Quinctio Penno A. Cornelium Cossum consulem habeant, existimatio communis omnibus est. Nam etiam illud accedit, ne tam clara pugna in eum annum transferri posset, quod inbelle triennium ferme pestilentia inopiaque frugum circa A. Cornelium consulem fuit, adeo ut quidam annales velut funesti nihil praeter nomina consulum suggerant. Tertius ab consulatu Cossi annus tribunum eum militum consulari potestate habet, eodem anno magistrum equitum ; quo in imperio alteram insignem edidit pugnam equestrem. Ea libera coniectura est. Sed, ut ego arbitror, vana versare in omnes opiniones licet, cum auctor pugnae recentibus spoliis in sacra sede positis Iovem prope ipsum, cui

vota erant, Romulumque intuens, haud spernendos
falsi tituli testes, se A. Cornelium Cossum consulem
scripserit.

125.

Ps. Si ex te tacente fieri possem certior,
Ere, quae miseriae te tam misere macerent,
Duorum labori ego hominum parsissem lubens :
Mei te rogandi et tis respondendi mihi.
Nunc quoniam id fieri non potest, necessitas
Me subigit ut te rogitem.   Responde mihi :
Quid est quod tu exanimatus iam hos multos, dies
Gestas tabellas tecum, eas lacrumis lauis
Neque tui participem consili quemquam facis ?
Eloquere, ut quod ego nescio tecum sciam.
Ca. Misere miser sum, Pseudule.   *Ps.* Id te Iuppiter
Prohibessit.   *Ca.* Nihil hoc Iouis ad indicium attinet :
Sub Veneris regno napulo, non sub Iouis.
Ps. Licetne id scire quid sit ? nam tu me antidhac
Supremum habuisti comitem consiliis tuis.
Ca. Idem animus nunc est.   *Ps.* Face me certum
        quid tibist :
Iuuabo aut re [te] aut opera aut consilio bono.

126.

Atque haec quidem ille.   Nos autem tenebras cogi-
temus tantas, quantae quondam eruptione Ætnaeorum
ignium finitimas regiones obscuravisse dicuntur, ut per
biduum nemo hominem homo agnosceret : cum autem
tertio die sol illuxisset, tum ut revixisse sibi viderentur.

G

Quod si hoc idem ex aeternis tenebris contingeret, ut subito lucem adspiceremus ; quaenam species coeli videretur? Sed assiduitate quotidiana et consuetudine oculorum assuescunt animi : neque admirantur, neque requirunt rationes earum rerum, quas semper vident ; proinde quasi novitas nos magis quam magnitudo rerum debeat ad exquirendas causas excitare.

Quis enim hunc hominem dixerit, qui, cum tam certos eoeli motus, tam ratos astrorum ordines, tamque omnia inter se connexa et apta viderit, neget in his ullam inesse rationem ; eaque casu fieri dicat, quae quanto consilio gerantur, nullo consilio assequi possumus? An, cum machinatione quadam moveri aliquid videmus, ut sphaeram, ut horas, ut alia permulta ; non dubitamus, quin illa opera sint rationis ; cum autem impetum coeli admirabili cum celeritate moveri vertique videamus, constantissime conficientem vicissitudines anniversarias, cum summa salute et conservatione rerum omnium ; dubitamus, quin ea non solum ratione fiant, sed etiam excellenti quadam divinaque ratione? Licet enim iam, remota subtilitate disputandi, oculis quodammodo contemplari pulchritudinem rerum carum, quas divina providentia dicimus constitutas.

127.

Omnia ventorum concurrere praelia vidi,
Quae gravidam late segetem ab radicibus imis
Sublime expulsam eruerent : ita turbine nigro
Ferret hiems culmumque levem, stipulasque volantes.
Saepe etiam immensum coelo venit agmen aquarum,

Et foedam glomerant tempestatem imbribus atris
Collectae ex alto nubes : ruit arduus aether,
Et pluvia ingenti sata laeta, boumque labores
Diluit : implentur fossae, et cava flumina crescunt
Cum sonitu, fervetque fretis spirantibus aequor.
Ipse Pater, media nimborum in nocte, corusca
Fulmina molitur dextra : quo maxima motu
Terra tremit : fugere ferae, et mortalia corda
Per gentes humilis stravit pavor : ille flagranti
Aut Atbo, aut Rhodopen, aut alta Ceraunia telo
Deicit : ingeminant Austri, et densissimus imber :
Nunc nemora ingenti vento, nunc litora plangunt.
Hoc metuens, eoeh menses et sidera serva :
Frigida Saturni sese quo stella receptet :
Quos ignis coeli Cyllenius erret in orbes.

128

Paucis post Kal. Ianuarias diebus Pompeii Propin-
qui, procuratoris, e Belgica literae afferuntur : superioris
Germaniae legiones, rupta sacramenti reverentia, imperatorem alium flagitare, et senatui ac pop. Rom.
arbitrium eligendi permittere : quo seditio mollius
acciperetur. Maturavit ea res consilium Galbae, iam
pridem de adoptione secum et cum proximis agitantis.
Non sane crebrior tota civitate sermo per illos menses
fuerat : primum licentia ac libidine talia loquendi, dein
fessa iam aetate Galbae. Paucis indicium aut reip.
amor : multi occulta spe, prout quis amicus vel cliens,
hune vel illum ambitiosis rumoribus destinabant,
etiam in T. Vinii odium, qui in dies quanto potentior,

eodem actu invisior erat.   Quippe hiantes, in magna
fortuna, amicorum cupiditates ipsa Galbae facilitas
intendebat ; cum apud infirmum et credulum minore
metu et maiore praemio peccaretur.

129.

Quo tu, quo, liber otiose, tendis
Cultus Sidone non cotidiana?
Numquid Parthenium videre?   Certe:
Vadas et redeas inevolutus :
Libros non legit ille, sed libellos ;
Nec Musis vacat, aut suis vacaret.
Ecquid te satis aestimas beatum,
Contingunt tibi si manus minores?
Vicini pete porticum Quirini :
Turbam non habet otiosiorem
Pompeius vel Agenoris puella,
Vel primae dominus levis carinae.
Sunt illic duo tresve, qui revolvant
Nostrarum tineas ineptiarum,
Sed cum sponsio fabulaeque lassae
De Scorpo fuerint et Incitato.

130.

Exclusus qui distat, agit ubi secum, eat, an non,
Quo rediturus erat non arcessitus, et haeret
Invisis foribus?   Nec nunc, cum me vocat ultro,
Accedam? an potius mediter finire dolores?
Exclusit ; revocat : redeam? Non, si obsecret.   Ecce
Servus non paulo sapientior : O here, quae res

Nec modum habet neque consilium, ratione modoque
Tractari non vult.   In amore haec sunt mala, bellum,
Pax rursum: haec si quis tempestatis prope ritu
Mobilia et caeca fluitantia sorte laboret
Reddere certa sibi, nihilo plus explicet, ac si
Insanire paret certa ratione modoque.
Quid, cum Picenis excerpens semina pomis
Gaudes, si cameram percusti forte, penes te es?
Quid, cum balba feris annoso verba palato,
Aedificante casas qui sanior?   Adde cruorem
Stultitiae atque ignem gladio scrutare.

131.

At illos debitos iam morti destinatosque alia nova
scelera post mortem tyranni molitos, palam primo,
cum clausis Adranodorus Insulae portis hereditatem
regni creverit et, quae procurator tenuerat, pro domino
possederit; proditus deinde ab eis, qui in Insula erant,
circumsessus ab universa civitate, quae Achradinam
tenuerit, nequiquam palam atque aperte petitum regnum clam et dolo adfectare conatus sit et *ne* beneficio
quidem atque honore potuerit vinci, cum inter libera-
tores patriae insidiator ipse libertatis creatus esset
praetor.   Sed animos eis regios regias coniuges fecisse,
alteri Hieronis alteri Gelonis filias nuptas.   Sub hanc
vocem ex omnibus partibus contionis clamor oritur
nullam carum vivere debere nec quemquam superesse
tyrannorum stirpis.   Ea natura multitudinis est: aut
servit humiliter aut superbe dominatur; libertatem,
quae media est, nec sibi parare modice nec habere
sciunt.   Et non ferme desunt irarum indulgentes mini-

stri, qui avidos atque intemperantes suppliciorum
animos ad sanguinem et caedes inritent; sicut tum
extemplo praetores rogationem promulgarunt, accepta-
que paene prius quam promulgata est, ut omnes regiae
stirpis interficerentur.

132.

Talibus Allecto dictis exarsit in iras.
At iuveni oranti subitus tremor occupat artus,
Diriguere oculi : tot Erinnys sibilat hydris,
Tantaque se facies aperit.   Tum flammea torquens
Lumina, cunctantem et quaerentem dicere plura
Repulit, et geminos erexit crinibus angues,
Verberaque insonuit, rapidoque haec addidit ore :
En ego vieta situ, quam veri effoeta senectus
Arma inter regum falsa formidine ludit.
Respice ad haec ; adsum dirarum ab sede sororum :
Bella manu, letumque gero.
Sic effata facem iuveni coniecit, et atro
Lumine fumantes fixit sub pectore taedas.
Olli somnum ingens rupit pavor : ossaque et artus
Perfudit toto proruptus corpore sudor.
Arma amens fremit, arma toro tectisque requirit.

133.

Sed cum sit Cn. Plancius is eques Romanus, ea
primum vetustate equestris nominis, ut pater, ut avus,
ut maiores eius omnes equites Romani fuerint, summum
in praefectura florentissima gradum tenuerint et digui-
tatis et gratiae : deinde ut ipse in legionibus P. Crassi

imperatoris inter ornatissimos homines, equites Romanos, summo splendore fuerit : ut postea princeps inter
suos plurimarum rerum sanctissimus et iustissimus
iudex, maximarum societatum auctor, plurimarum
magister : si non modo in eo nihil unquam reprehen-
sum, sed laudata sunt omnia, tamen is oberit honestissimo filio pater, qui vel minus honestum et alienum
tueri vel auctoritate sua vel gratia possit ?—"Asperius,"
inquit, " locutus est aliquid aliquando." —Immo fortasse
liberius.—"At id ipsum," inquit, "non est ferendum."
—Ergo ii ferendi sunt, qui hoc queruntur, libertatem
equitis Romani se ferre non posse ? Ubinam ille mos ?
ubi illa aequitas iuris ? ubi illa antiqua libertas, quae
malis oppressa civilibus extollere iam caput et aliquando
recreata se erigere debebat ? Equitum ego Romanorum
in homines nobilissimos maledicta, publicanorum in
Q. Scaevolam, virum omnibus ingenio, iustitia, integri-
tate praestantem, aspere et ferociter et libere dicta
commemorem ?

134.

Miscebantur minis promissa : et, concussa Trans-
rhenanorum fide, inter Batavos quoque sermones orti :
non prorogandam ultra ruinam : nec posse ab una
natione totius orbis servitium depelli. Quid perfectum
caede et incendiis legionum, nisi ut plures validioresque
accirentur ? Si Vespasiano bellum navaverint, Vespasianum rerum potiri ; sin populum Romanum armis
provocent, quotam partem generis humani Batavos
esse ? Respicerent Rhaetos Noricosque, et caeterorum
onera sociorum : sibi non tributa, sed virtutem et viros

indici : proximum id libertati ; et, si dominorum
electio sit, honestius principes Romanorum, quam
Germanorum feminas, tolerari. Haec vulgus. Pro-
ceres : atrociore Civilis rabie semet in arma trusos :
illum domesticis malis exscidium gentis opposuisse :
tunc infensos Batavis deos, cum obsiderentur legiones,
interficerentur legati, bellum uni necessarium, ferale
ipsis sumeretur. Ventum ad extrema, ni resipiscere
incipiant, et noxii capitis poena poenitentiam fateantur.

135.

Adsumo te in consilium rei familiaris, ut soleo.
Praedia agris meis vicina, atque etiam inserta venalia
sunt : in his me multa sollicitant, aliqua nec minora
deterrent. Sollicitat primum ipsa pulchritudo iun-
gendi : deinde, quod non minus utile quam voluptu_
osum, posse utraque eadem opera, eodem viatico invisere,
sub eodem procuratore, ac pene iisdem actoribus
habere, unam villam colere et ornare, alteram tantum
tueri. Inest huic computationi sumptus supellectilis,
sumptus atriensium, topiariorum, fabrorum, atque etiam
venatorii instrumenti : quae plurimum refert, unum in
locum conferas, an in diversa dispergas. Contra,
vereor ne sit incautum, rem tam magnam iisdem tem-
pestatibus, iisdem casibus subdere. Tutius videtur,
incerta fortunae possessionum varietatibus experiri.
Habet etiam multum iucunditatis soli coelique mutatio,
ipsaque illa peregrinatio inter sua. Iam, quod deliber-
ationis nostrae caput est, agri sunt fertiles, pingues,
aquosi. Constant campis, vineis, silvis, quae materiam
et ex ea reditum sicut modicum, ita slatum praestant.

Sed haec felicitas terrae imbecillis cultoribus fatigatur.
Nam possessor prior saepius vendidit pignora : et dum
reliqua colonorum minuit ad tempus, vires in posterum
exhausit, quarum defectione rursus reliqua creverunt.
Sunt ergo instruendi eo pluris, quod frugi, mancipes.
Nam nec ipse usquam vinctos habeo, nec ibi quisquam.
Superest ut scias, quanti videantur posse emi, sestertio
tricies, non quia non aliquando quinquagies fuerint,
verum et hac penuria colonorum et communi temporis
iniquitate, ut reditus agrorum, sic etiam pretium retro
abiit. Quaeris, an hoc ipsum tricies facile colligere
possimus? Sum quidem prope totus in praediis,
aliquid tamen foenero : nec molestum erit mutuari,
accipiam a socru, cujus arca non secus ac mea utor.
Proinde hoc te non moveat, si cetera non refragantur :
quae velim quam diligentissime examines. Nam cum
in omnibus rebus, tum in disponendis facultatibus
plurimum tibi et usus et providentiae superest.

136.

Si quid inexpertum scenae committis et audes
Personam formare novam, servetur ad imum,
Qualis ab incepto processerit, et sibi constet.
Difficile est proprie communia dicere ; tuque
Rectius Iliacum carmen deducis in actus,
Quam si proferres ignota indictaque primus.
Publica materies privati iuris erit, si
Non circa vilem patulumque moraberis orhem,
Nec verbo verbum curabis reddere fidus
Interpres, nec desilies imitator in arctum,
Unde pedem proferre pudor vetet aut operis lex.

Nec sic incipies, ut scriptor cyclicus olim :
" Fortunam Priami cantabo et nobile bellum."
Quid dignum tanto feret hic promissor hiatu ?
Parturiunt montes, nascetur ridiculus mus.

137.

Et hoc et insequenti anno C. Sulpicio Petico C.
Licinio Stolone consulibus pestilentia fuit. Eo nihil
dignum memoria actum, nisi quod pacis deum expos-
cendae causa tertio tum post conditam urbem lectister-
nium fuit. Et cum vis morbi nec humanis consiliis
nec ope divina levaretur, victis superstitione animis
ludi quoque scaenici, nova res bellicoso populo—nam
circi modo spectaculum fuerat—inter alia caelestis irae
placamina instituti dicuntur. Ceterum parva quoque,
ut ferme principia omnia, et ea ipsa peregrina res fuit.
Sine carmine ullo, sine imitandorum carminum actu
ludiones ex Etruria acciti ad tibicinis modos saltantes
haud indecoros motus more Tusco dabant. Imitari
deinde eos iuventus, simul inconditis inter se iocularia
fundentes versibus, coepere ; nec absoni a voce motus
erant. Accepta itaque res saepiusque usurpando ex-
citata. Vernaculis artificibus, quia ister Tusco verbo
ludius vocabatur, nomen histrionibus inditum, qui non,
sicut ante, Fescennino versu similem incompositum
temere ac rudem alternis iaciebant, sed inpletas modis
saturas descripto iam ad tibicinem cantu motuque con-
gruenti peragebant. Livius post aliquot annos, qui ab
saturis ausus est primus argumento fabulam serere,
idem scilicet, id quod omnes tum erant, suorum carminum actor, dicitur, cum saepius revocatus vocem

obtudisset, venia petita puerum ad canendum ante
tibicinem cum statuisset, canticum egisse aliquanto
magis vigente motu, quia nihil voeis usus inpediebat.
Inde ad manum cantari histrionibus coeptum diver-
biaque tantum ipsorum voci relicta.

138.

Albi, nostrorum sermonum candide iudex,
Quid nunc te dicam facere in regione Pedana?
Scribere quod Cassi Parmensis opuscula vincat,
An tacitum silvas inter reptare salubres,
Curantem quidquid dignum sapiente bonoque est?
Non tu corpus eras sine pectore.   Di tibi formam,
Di tibi divitias dederunt artemque fruendi.
Quid voveat dulci nutricula maius alumno,
Qui sapere et fari possit quae sentiat, et cui
Gratia, fama, valetudo contingat abunde
Et mundus victus, non deficiente crumena?
Inter spem curamque, timores inter et iras,
Omnem crede diem tibi diluxisse supremum :
Grata superveniet, quae non sperabitur, hora.
Me pinguem et nitidum bene curata cute vises
Cum ridere voles Epicuri de grege porcum.

139.

His tum rebus commotus, et quod homines iam tum
coniuratos cum gladiis in Campum deduci a Catilina
sciebam, descendi in Campum cum firmissimo prae-
sidio fortissimorum virorum, et cum illa lata insignique
lorica, non quae me tegeret (etenim sciebam Catilinam

non latus aut ventrem, sed caput et collum, solere
petere), verum ut omnes boni animadverterent ; et,
cum in metu et periculo consulem viderent, (id, quod
est factum) ad opem praesidiumque meum concurre-
rent. Itaque cum te, Servi, remissiorem in petendo
putarent, Catilinam et spe et cupiditate inflammatum
viderent ; omnes, qui illam ab republica pestem
depellere cupiebant, ad Murenam se statim contulerunt.
Magna est autem comitiis consularibus repentina volun-
tatum inclinatio, praesertim cum incubuit ad virum bonum, et multis aliis adiumentis petitionis ornatum : qui
cum, honestissimo patre atque maioribus, modestissima
adolescentia, clarissima legatione, praetura probata in
iure, grata in munere, ornata in provincia, petisset
diligenter, et ita petisset, ut neque minanti cederet,
neque cuiquam minaretur ; huic, mirandum est, magno
adiumento Catilinae subitam spem consulatus adipi-
scendi fuisse?

140.

"O mihi praeteritos referat si Iuppiter annos,
Qualis eram, cum primam aciem Praeneste sub ipsa
Stravi scutorumque incendi victor acervos
Et regem hac Erulum dextra sub Tartara misi,
Nascenti cui tris animas Feronia mater
(Horrendum dictu) dederat (terna arma movenda,
Ter Leto sternendus erat ; cui tum tamen omnis
Abstulit haec animas dextra et totidem exuit armis) :
Non ego nunc dulci amplexu divellerer usquam,
Nate, tuo, neque finitimos Mezentius umquam

Huic capiti insultans tot ferro saeva dedisset
Funera, tam multis viduasset civibus urbem.
At vos, o superi, et divom tu maxume rector
Iuppiter, Arcadii, quaeso, miserescite regis
Et patrias audite preces. Si numina vestra
Incolumem Pallanta mihi, si fata reservant,
Si visurus eum vivo et venturus in unum :
Vitam oro, patior quemvis durare laborem.
Sin aliquem infandum casum, Fortuna, minaris :
Nunc, o nunc liceat crudelem abrumpere vitam.
Dum curae ambiguae, dum spes incerta futuri,
Dum te, care puer, mea sera et sola voluptas,
Complexu tenco, gravior neu nuntius auris
Volneret." Haec genitor digressu dicta supremo
Fundebat : famuli conlapsum in tecta ferebant.

141.

Sexto demum die, apud imas Esquilias, finis incendio
factus, prorutis per immensum aedificiis, ut continuae
violentiae campus et velut vacuum coelum occurreret.
Nec dum posito metu, redibat levins rursum grassatus
ignis, patulis magis Urbis locis ; eoque strages hominum
minor : delubra deum et porticus amoenitati dicatae
latius procidere. Plusque infamiae id incendium
habuit, quia praediis Tigellini Aemilianis proruperat :
videbaturque Nero condendae urbis novae et cogno-
mento suo appellandae gloriam quaerere. Quippe in
regiones quatuordecim Roma dividitur : quarum
quatuor integrae manebant, tres solo tenus deiectae :
septem reliquis pauca tectorum vestigia supererant,
lacera et semiusta.

142.

Iuppiter et lato qui regnat in aequore frater
  Carpebant socias Mercuriusque vias.
Tempus erat, quo versa iugo referuntur aratra,
  Et pronus saturae lac bibit agnus ovis.
Forte senex Hyrieus, angusti cultor agelli,
  Hos videt, exiguam stabat ut ante casam.
Atque ita "longa via est, nec tempora longa supersunt,"
  Dixit "et hospitibus ianna nostra patet."
Addidit et voltum verbis, iterumque rogavit.
  Parent promissis, dissimulantque deos.
Tecta senis subeunt nigro deformia fumo ;
  Ignis in hesterno stipite parvus erat.
Ipse genu nixus flammas exsuscitat aura,
  Et promit quassas comminuitque faces.
Stant calices ; minor inde fabas, bolus alter habebat,
  Et spumant testu pressus uterque suo.
Dumque mora est, tremula dat vina rubentia dextra :
  Accipit aequoreus pocula prima deus.
Quae simul exhausit, "da nunc bibat ordine " dixit
  "Iuppiter."   Andito palluit ille Iove.
Ut rediit animus, cultorem pauperis agri
  Immolat et magno torret in igne bovem.

143.

Moverunt senatum et legationes socium nominis Latini, quae et censores et priores consules fatigaverant,
tandem in senatum introductae.   Summa querellarum
erat, cives suos Romae censos plerosque Romam
commigrasse ; quod si permittatur, perpaucis lustris

futurum ut deserta oppida, deserti agri nullum militem
dare possent. Fregellas quoque milia quattuor famili-
arum transisse ab se Samnites Pelignique querebantur,
neque eo minus aut hos aut illos in dilectum militum
dare. Genera autem fraudis duo mutandae viritim
civitatis inducta erant. Lex sociis ac nominis Latini,
qui stirpem ex sese domi relinquerent, dabat, ut cives
Romani fierent. Ea lege male utendo alii sociis, alii
populo Romano iniuriam faciebant. Nam et ne
stirpem domi relinquerent, liberos suos quibusquibus
Romanis in eam condicionem, ut manumitterentur,
mancipio dabant, libertinique cives essent; et quibus
stirpes deesset, quam relinquerent, ut cives Romani
fiebant. Postea his quoque imaginibus iuris spretis,
promiscue sine lege, sine stirpe in civitatem Romanam
per migrationem et censum transibant. Haec ne
postea fierent petebant legati, et ut redire in civitates
iuberant socios; deinde ut lege caverent, ne quis quem
civitatis mutandae causa suum faceret neve alienaret;
et si quis ita civis Romanus factus esset, *civis ne esset.*
Haec impetrata ab senatu.

144.

Sic quia perpetuus nulli datur usus, et heres
Heredem alterius velut unda supervenit undam,
Quid vici prosunt aut horrea? Quidve Calabris
Saltibus adiecti Lucani, si metit Orcus
Grandia cum parvis, non exorabilis auro?
Gemmas, marmor, ebur, Tyrrhena sigilla, tabellas,
Argentum, vestes Gaetulo murice tinctas,
Sunt qui non habeant, est qui non curat habere.

Cur alter fratrum cessare et ludere et ungi
Praeferat Herodis palmetis pinguibus, alter
Dives et importunus ad umbram lucis ab ortu
Silvestrem flammis et ferro mitiget agrum,
Scit Genius, natale comes qui temperat astrum,
Naturae deus humanae, mortalis in unum
Quodque caput, vultu mutabilis, albus et ater.
    Utar et ex modico, quantum res poscet, acervo
Tollam, nec metuam, quid de me iudicet heres,
Quod non plura datis invenerit ; et tamen idem
Scire volam, quantum simplex hilarisque nepoti
Discrepet et quantum discordet pareus avaro.

145.

Risi nivem atram‘: teque hilari animo esse, et
promto ad iocandum, valde me iuvat. De Pompeio
assentior tibi, vel tu potins mihi : nam (ut scis) iampridem istum canto Caesarem. Mihi crede, in sinu
est : neque ego discingor. Cognosce nunc Idus.
    Decimus erat Coelio dies. Domitius ad numerum
indices non habuit. Vereor, ne, homo teter et ferus,
Pola Servius ad accusationem veniat : nam noster
Coelius valde oppugnatur a gente Clodia. Certi nihil
est adhuc : sed veremur. Eodem igitur die Tyrüs est
senatus datus frequens : frequentes contra Syriaci
publicani. Vehementer vexatus Gabinius : exagitati
tamen a Domitio publicani, quod eum essent cum
equis prosecuti. [C.] Noster Lamia paulo ferocius, cum
Domitius dixisset, " Vestra culpa haec acciderunt,
equites Romani ; dissolute enim iudicatis ;" " Nos

iudicamus; vos laudatis," inquit. Actnm est eo die
nihil. Nox diremit.

Comitialibus diebus, qui Quirinalia sequuntur,
Appius interpretatur, non impediri se lege Pupia,
quominus habeat senatum, et quod Gabinia sanctum
sit, etiam cogi ex Cal. Febr. usque ad Cal. Mart.
legatis senatum quotidie dari. Ita putantur detrudi
comitia in mensem Martium. Sed tamen his comitialibus tribuni plebis de Gabinio se acturos esse dicunt.

Omnia colligo, ut novi scribam aliquid ad te : sed
(ut vides) res me ipsa deficit.

146.

Sin ad bella magis studium turmasque ferocis,
Aut Alphea rotis praelabi flumina Pisac
Et Iovis in lueo currus agitare volantis :
Primus equi labor est, animos atque arma videre
Bellantum lituosque pati tractuque gementem
Ferre rotam et stabulo frenos audire sonantis ;
Tum magis atque magis blandis gaudere magistri
Laudibus et plausae sonitum cervicis amare.
Atque haec iam primo depulsus ab ubere matris
Audeat, inque vicem det mollibus ora capistris
Invalidus etiamque tremens, etiam inscius aevi.
At tribus exactis ubi quarta acceperit aestas,
Carpere mox gyrum incipiat gradibusque sonare
Compositis, sinuetque alterna volumina crurum,
Sitque laboranti similis ; tum cursibus auras
Provocet, ac per aperta volans ceu liber habenis
Aequora vix summa vestigia ponat harena ;
Qualis hyperboreis aquilo cum densus ab oris

H

Incubuit, Scythiaeque hiemes atque arida differt
Nubila : tum segetes altae campique natantes
Lenibus horrescunt flabris, summaeque sonorem
Dant silvae, longique urgent ad litora fluctus ;
Ille volat simul arva fuga simul aequora verrens.

147.

Postquam, ut dixi, senatus in Catonis sententiam
discessit, consul, optumum factu ratus noctem quae
instabat antecapere ne quid eo spatio novaretur, tres-
viros quae ad subplicium postulabat parare iuhet :
ipse praesidiis dispositis Lentulum in carcerem deducit :
idem fit ceteris per praetores.   Est in carcere locus,
quod Tullianum adpellatur, ubi paululum ascenderis
ad laevam, circiter duodecim pedes humi depressus.
Eum muniunt undique parietes atque insuper camera
lapideis fornicibus iuncta, set incultu tenebris odore
foeda atque terribilis eius facies est.   In eum locum
postquam demissus est Lentulus, [vindices ·rerum
capitalium] quibus praeceptum erat laqueo gulam
fregere.   Ita ille patricius ex gente clarissuma Cor-
neliorum, qui consulare imperium Romae habuerat,
dignum moribus factisque suis exitium vitae invenit.
De Cethego Statilio Gabinio Caepario eodem modo
supplicium sumptum est.

148.

Tu Setina quidem semper vel Massica ponis,
    Papile, sed rumor tam bona vina negat :
Diceris hac factus caelebs quater esse lagona.
    Nec puto nec credo, Papile, nec sitio.

149.

Cum spes maior imperatoribus Romanis in obsidione quam in oppugnatione esset, hibernacula etiam, res nova militi Romano, aedificari coepta, consiliumque erat hiemando continuare bellum. Quod postquam tribunis plebis iam diu nullam novandi res causam invenientibus Romam est adlatum, in contionem prosiliunt, sollicitant plebis animos hoc illud esse dictitantes, quod aera militibus sint constituta. Nec se fefellisse id donum inimicorum veneno inlitum fore. Venisse libertatem plebis; remotam in perpetuum et ablegatam ab urbe et ab re publica iuventutem iam ne hiemi quidem aut tempori anni cedere ac domos ac res invisere suas. Quam putarent continuatae militiae causam esse? Nullam profecto aliam inventuros, quam ne quid per frequentiam iuvenum eorum, in quibus vires omnes plebis essent, agi de commodis eorum posset. Vexari praeterea et subigi multo acrins quam Veientes: quippe illos hiemem sub tectis suis agere egregiis muris situque naturali urbem tutantes; militem Romanum in opere ac labore, nivibus pruinisque obrutum, sub pellibus durare ne hiemis quidem spatio, quae omnium bellorum terra marique sit quies, arma deponentem.

150.

Scis, Lebedus quid sit: Gabiis desertior atque
Fidenis vicus; tamen illic vivere vellem
Oblitusque meorum obliviscendus et illis
Neptunum procul e terra spectare furentem.

Sed neque, qui Capua Romam petit, imbre lutoque
Adspersus volet in caupona vivere ; nec, qui
Frigus collegit, furnos et balnea laudat
Ut fortunatum plene praestantia vitam.
Nec, si te validus iactaverit Auster in alto,
Idcirco navem trans Aegaeum mare vendas.

 Incolumi Rhodos et Mytilene pulchra facit, quod
Paenula solstitio, campestre nivalibus auris,
Per brumam Tiberis, Sextili mense caminus.
Dum licet ac vultum servat Fortuna benignum,
Romae laudetur Samos et Chios et Rhodos absens.

151.

Paucos quippe intra dies, eodem agmine, Annaeus
Mella, Cerialis Anicius, Rufius Crispinus, ac C. Petro-
nius cecidere : Mella et Crispinus, equites Romani,
dignitate senatoria : nam hic quondam praefectus
praetorii, et consularibus insignibus donatus, ac nuper
crimine coniurationis in Sardiniam exactus, accepto
iussae mortis nuntio, semet interfecit. Mella, quibus
Gallio et Seneca, parentibus natus, petitione honorum
abstinuerat per ambitionem praeposteram, ut eques
Romanus consularibus potentia aequaretur : simul ac-
quirendae pecuniae brevius iter credebat, per pro-
curationes administrandis principis negotiis. Idem
Annaeum Lucanum genuerat, grande adiumentem
claritudinis : quo interfecto, dum rem familiarem eius
acriter requirit, accusatorem concivit Fabium Romanum, ex intimis Lucani amicis. Mixta inter patrem
filiumque coniurationis scientia fingitur, assimulatis
Lucani literis ; quas inspectas Nero ferri ad eum iussit,

opibus eius inhians. At Mella, quae tum promtissima
mortis via, exsolvit venas; scriptis codicillis, quibus
grandem pecuniam in Tigellinum, generumque eius, Cos-
sutianum Capitonem, erogabat, quo caetera manerent.
Additur codicillis, tamquam de iniquitate exitii querens,
ita scripsisse: se quidem mori nullis supplicii causis;
Rufium autem Crispinum et Anicium Cerialem vita
frui, infensos principi: quae composita credebantur;
de Crispino, quia interfectus erat, de Ceriale, ut inter-
ficeretur: neque enim multo post vim sibi attulit,
minore quam caeteri miseratione, quia proditam C.
Caesari coniurationem ab eo meminerant.

152.

Quis Gracchi genus aut geminos, duo fulmina belli,
Scipiadas, cladem Libyae, parvoque potentem
Fabricium vel te sulco, Serrane, serentem?
Quo fessum rapitis, Fabii? Tun Maximus ille es,
Unus qui nobis cunctando restituis rem?
Excudent alii spirantia mollius aera
(Cedo equidem), vivos ducent de marmore voltus,
Orabunt causas melius, caelique meatus
Describent radio et surgentia sidera dicent:
Tu regere imperio populos, Romane, memento
(Haec tibi erunt artes) pacique inponere morem,
Parcere subiectis et debellare superbos.

153.

Corpore fuit amplo atque robusto, statura quae
iustam excederet; latus ab humeris et pectore, ceteris
quoque membris usque ad imos pedes aequalis et con-

gruens; sinistra manu agiliore ac validiore, articulis
ita firmis, ut recens et integrum malum digito tere-
braret, caput pueri vel etiam adulescentis talitro vul-
neraret.   Colore erat candido, capillo pone occipitium
summissiore ut cervicem etiam obtegeret, quod gentile
in illo videbatur ; facie honesta, in qua tamen crebri et
subiti tumores, cum praegrandibus oculis et qui, quod
mirum esset, noctu etiam et in tenebris viderent, sed
ad breve et cum primum a somno patuissent ; deinde
rursum hebescebant.   Incedebat cervice rigida et
obstipa, adducto fere vultu, plerumque tacitus, nullo
aut rarissimo etiam cum proximis sermone coque
tardissimo, nec sine molli quadam digitorum gesticula-
tione.   Quae omnia ingrata atque arrogantiae plena et
animadvertit Augustus in eo et excusare temptavit
saepe apud senatum ac populum, professus naturae
vitia esse, non animi.   Valitudine prosperrima usus
est, tempore quidem principatus paene toto prope
inlaesa, quamvis a tricesimo aetatis anno arbitratu eam
suo rexerit sine adiumento consiliove medicorum.

154.

O diva, gratum quae regis Antium,
Praesens vel imo tollere de gradu
   Mortale corpus vel superbos
      Vertere funeribus triumphos,

Te pauper ambit sollicita prece
Ruris colonus, te dominam aequoris,
   Quicumque Bithyna lacessit
      Carpathium pelagus carina.

Te Dacus asper, te profugi Scythae
Urbesque gentesque et Latium ferox
   Regumque matres barbarorum et
     Purpurei metuunt tyranni,

Iniurioso ne pede proruas
Stantem columnam, neu populus frequens
   Ad arma cessantes, ad arma
     Concitet imperiumque frangat.

Te semper antit serva Necessitas,
Clavos trabales et cuneos manu
   Gestans ahena, nec severus
     Uncus abest liquidumque plumbum.

155.

Neque enim est hoc dissimulandum, quod obscurari
non potest, sed prae nobis ferendum : trahimur omnes
laudis studio ; et optimus quisque maxime gloria duci-
tur. Ipsi illi philosophi, etiam illis libellis, quos de
contemnenda gloria scribunt, nomen suum inscribunt :
in eo ipso, in quo praedicationem nobilitatemque des-
piciunt, praedicari de se, ac nominari volunt. Decimus
quidem Brutus, summus ille vir et imperator, Attii,
amicissimi sui, carminibus templorum ac monimen-
torum aditus exornavit suorum. Iam vero ille, qui
cum Aetolis, Ennio comite, bellavit, Fulvius, non
dubitavit Martis manubias Musis consecrare. Quare,
in qua urbe imperatores prope armati poetarum nomen
et Musarum delubra coluerunt, in ea non debent togati
indices a Musarum honore et a poetarum salute ab-
horrere.

156.

Galbae corpus diu neglectum et licentia tenebrarum
plurimis ludibriis vexatum, dispensator Argius, e priori-
bus servis, humili sepultura in privatis eius hortis con-
texit.   Caput, per lixas calonesque suffixum laceratum-
que, ante Patrobii tumulum (libertus is Neronis, punitus
a Galba fuerat) postera demum die repertum, et crem-
ato iam corpori admixtum est.   Hunc exitum habuit
Ser. Galba, tribus et septuaginta annis quinque principes prospera fortuna emensus, et alieno imperio
felicior, quam suo.   Vetus in familia nobilitas, magnae
opes : ipsi medium ingenium, magis extra vitia, quam
cum virtutibus.   Famae nec incuriosus, nec venditator.
Pecuniae alienae non appetens, suae pareus, publicae
avarus.   Amicorum libertorumque, ubi in bonos in-
cidisset, sine reprehensione patiens; si mali forent,
usque ad culpam ignarus.   Sed claritas natalium et
metus temporum obtentui, ut, quod segnitia erat,
sapientia vocaretur.   Dum vigebat aetas, militari laude
apud Germanias floruit.   Pro-consule Africam mode-
ate; iam senior, citeriorem Hispaniam pari iustitia
continuit: maior privato visus, dum privatus fuit, et
omnium consensu capax imperii, nisi imperasset.

157.

Sic placitum.   Veniet lustris labentibus aetas,
Cum domus Assaraci Phthiam clarasque Mycenas
Servitio premet ac victis dominabitur Argis.
Nascetur pulchra Troianus origine Caesar,
Imperium Oceano, famam qui terminet astris,

Iulius, a magno demissum nomen Iulo.
Hune tu olim caelo, spoliis Orientis onustum
Accipies secura ; vocabitur hic quoque votis.
Aspera tum positis mitescent saecula bellis
Cana Fides et Vesta, Remo cum fratre Quirinus
Iura dabunt ; dirae ferro et compagibus artis
Claudentur Belli portae ; Furor impius intus
Saeva sedens super arma et centum vinctus aenis
Post tergum nodis fremet horridus ore cruento.

158.

Reus ab se culpam in milites transferebat : eos
ferociter pugnam poscentis productos in aciem, non eo
quo voluerint, quia serum diei fuerit, sed postero die,
et tempore et loco aequo instructos, seu famam seu
vim hostium non sustinuisse. Cum effuse omnes
fugerent, se quoque turba ablatum, ut Varronem Can-
nensi pugna, ut multos alios imperatores. Qui autem
solum se restantem prodesse rei publicae, nisi si mors
sua remedio publicis cladibus futura esset, potuisse?
Non se inopia commeatus in loca iniqua incaute de-
ductum, non agmine inexplorato euntem insidiis circum*ventum;* vi aperta, armis, acie victum. Nec suorum
animos nec hostium in potestate habuisse : suum cuique
ingenium audaciam aut pavorem facere. Bis est accus-
atus pecuniaque anquisitum ; tertio testibus datis, cum,
praeterquam quod omnibus probris onerabatur, iurati
permulti dicerent fugae pavorisque initium a praetore
ortum, ab eo desertos milites, cum haud vanum tim-
orem ducis crederent, terga dedisse, tanta ira accensa
est, ut capite anquirendum contio succlamaret.

159.

Fescennina per hunc inventa licentia morem
Versibus alternis opprobria rustica fudit,
Libertasque recurrentes accepto per annos
Lusit amabiliter, donec iam saevus apertam
In rabiem coepit verti locus et per honestas
Ire domos impune minax. Doluere cruento
Dente lacessiti ; fuit intactis quoque cura
Conditione super communi ; quin etiam lex
Poenaque lata, malo quae nollet carmine quemquam
Describi ; vertere modum, formidine fustis
Ad bene dicendum delectandumque redacti.
    Graecia capta ferum victorem cepit et artes
Intulit agresti Latio ; sic horridus ille
Defluxit numerus Saturnius, et grave virus
Munditiae pepulere ; sed in longum tamen aevum
Manserunt hodieque manent vestigia ruris.

160.

Frater, bona tua venia dixerim, ista sententia maxime
et fallit imperitos, et obest saepissime reipublicae, cum
aliquid verum et rectum esse dicitur, sed obtineri, id
est, obsisti posse populo, negatur. Primum enim
obsistitur, cum agitur severe : deinde vi opprimi in
bona causa est melius, quam malae cedere. Quis
autem non sentit, auctoritatem omnem optimatium
tabellariam legem abstulisse? Quam populus liber
nunquam desideravit; idem, oppressus dominatu ac
potentia principum, flagitavit. Itaque graviora iudicia
de potentissimis hominibus exstant voces, quam tabel-

lae. Quamobrem suffragandi nimia libido in non bonis causis eripienda fuit potentibus, non latebra danda populo, in qua, bonis ignorantibus quid quisque sentiret, tabella vitiosum occultaret suffragium.

161.

Di patrii indigetes et Romule Vestaque mater,
Quae Tuscum Tiberim et Romana Palatia servas,
Hunc saltem everso iuvenem succurrere saeclo
Ne prohibete! Satis iam pridem sanguine nostro
Laomedonteae luimus periuria Troiae ;
Iam pridem nobis caeli te regia, Caesar,
Invidet, atque hominum queritur curare triumphos,
Quippe ubi fas versum atque nefas: tot bella per
    orbem,
Tam multae scelerum facies ; non ullus aratro
Dignus honos, squalent abductis arva colonis,
Et curvae rigidum falces conflantur in ensem.
Hinc movet Euphrates, illinc Germania bellum ;
Vicinae ruptis inter se legibus urbes
Arma ferunt ; saevit toto Mars impius orbe :
Ut cum carceribus sese effudere quadrigae,
Addunt in spatia, et frustra retinacula tendens
Fertur equis auriga, neque audit currus habenas.

162.

Quanto violentior caetero mari Oceanus, et truculentia coeli praestat Germania, tantum illa clades novitate et magnitudine excessit, hostilibus circum litoribus, aut ita vasto et profundo, ut credatur novis-

simum ac sine terris, mare.   Pars navium haustae sunt;
plures apud insulas longius sitas eiectae : milesque,
nullo illic hominum cultu, fame absumtus, nisi quos
corpora equorum, eodem elisa, toleraverant.   Sola
Germanici triremis Chaucorum terram appulit, quem
per omnes illos dies noctesque apud scopulos et
prominentes oras, cum se tanti exitii reum clamitaret,
vix cohibuere amici, quo minus eodem mari oppeteret.
Tandem relabente aestu et secundante vento, claudae
naves raro remigio, aut intentis vestibus, et quaedam
a validioribus tractae, revertere : quas raptim refectas
misit, ut scrutarentur insulas.

163.

Simul accepi a Seleuco tuo literas, statim quaesivi
e Balbo per codicillos, quid esset in lege.   Rescripsit:
Eos, qui facerent praeconium, vetari esse in decurioni-
bus; qui fecissent, non vetari.   Quare bono animo
sint et tui et mei familiares.   Neque enim erat ferendum, cum, qui hodie haruspicinam facerent, in senatu
Romae legerentur, eos, qui aliquando praeconium fecissent, in municipiis decuriones esse non licere.

De Hispaniis novi nihil.   Magnum tamen exercitum Pompeium habere constat.   Nam Caesar ipse ad
nos misit exemplum Paciaeci literarum, in quo erat,
[ipsas] undecim esse legiones.   Scripserat etiam Messala Q. Salasso, P. Curtium fratrem eius, iussu Pompeii, inspectante exercitu, interfectum, quod consen-
sisset cum Hispanis quibusdam, si in oppidum nescio
quod Pompeius rei frumentariae causa venisset, eum
comprehendere, ad Caesaremque deducere.

De negotio tuo, quod sponsor es pro Pompeio ; si Galba consponsor tuus redierit (homo in re familiari non parum diligens), non desinam cum illo communicare, si quid expediri possit ; quod videbatur mihi ille confidere.

"Oratorem" meum tantopere a te probari vehementer gaudeo. Mihi quidem sic persuadeo, me, quidquid habuerim iudicii de dicendo, in illum librum contulisse. Qui si est talis, qualem tibi videri scribis, ego quoque aliquid sum : sin aliter, non recuso, quin, quantum de illo libro, tantumdem de mei iudicii fama, detrahatur. Leptam nostrum cupio delectari iam talibus scriptis. Etsi abest maturitas aetatis, iam tamen personare aures eius huiusmodi vocibus, non est inutile.

164.

Haud mora, constituunt diversis partibus ambae
Et gracili geminas intendunt stamine telas.
Tela ingo vineta est, stamen secernit harundo,
Inseritur medium radiis subtemen acutis,
Quod digiti expediunt, atque inter stamina ductum
Percusso feriunt insecti pectine dentes.
Utraque festinant cinctaeque ad pectora vestes
Bracchia docta movent, studio fallente laborem.
Illic et Tyrium quae purpura sensit aenum
Texitur, et tenues parvi discriminis umbrae ;
Qualis ab imbre solet percussis solibus arcus
Inficere ingenti longum curvamine caelum :
In quo diversi niteant cum mille colores,
Transitus ipse tamen spectantia lumina fallit :

Usque adeo quod tangit idem est ; tamen ultima distant.
Illic et lentum fills inmittitur aurum,
Et vetus in tela deducitur argumentum.
Cecropia Pallas scopulum Mavortis in arce
Pingit et antiquam de terrae nomine litem.
Bis sex caelestes medio Iove sedibus altis
Augusta gravitate sedent. Sua quemque deorum
Inscribit facies.   Iovis est regalis imago.
Stare deum pelagi longoque ferire tridente
Aspera saxa facit, medioque e vulnere saxi
Exiluisse ferum ; quo pignore vindicet urbem.

165.

Spurius Lucretius inde et P. Valerius Publicola
consules facti.   Eo anno postremum legati a Porsina
de reducendo in regnum Tarquinio venerunt.   Quibus
cum responsum esset missurum ad regem senatum
legatos, missi confestim honoratissimus quisque e patribus : non quin breviter reddi responsum potuerit non
recipi reges, ideo potius delectos patrum ad eum missos
quam legatis eius Romae daretur responsum, sed ut in
perpetuum mentio eius rei finiretur, neu in tantis
mutuis beneficiis in vicem animi sollicitarentur, cum
ille peteret, quod contra libertatem populi Romani
esset, Romani, nisi in perniciem suam faciles esse
vellent, negarent, cui nihil negatum vellent.   Non in
regno populum Romanum, sed in libertate esse : ita
induxisse in animum, hostibus potius portas quam
regibus patefacere.   Eam [ea esse vota] esse voluntatem
omnium, ut qui libertati erit in illa urbe finis, idem
urbi sit : proinde, si salvam esse vellet Romam, ut

patiatur liberam esse, orare. Rex verecundia victus
"quando id certum atque obstinatum est" inquit,
"neque ego obtundam saepius eadem nequiquam
agendo, nec Tarquinios spe auxilii, quod nullum in
me est, frustrabor. Alium hinc, seu bello opus est seu
quiete, exilio quaerant locum, ne quid meam vobiscum
pacem distineat." Dictis facta amiciora adiecit. Ob-
sidum quod reliquum erat reddidit, agrum Veientem
foedere ad Ianiculum icto ademptum restituit. Tar-
quinius spe omni reditus incisa exulatum ad generum
Mamilium Octavium Tusculum abiit. Romanis pax
fida ita cum Borsina fuit.

166.

In litibus aestimandis fere indices, aut, quod sibi
eum, quem semel condemnarunt, inimicum putant esse,
si qua in eum lis capitis illata est, non admittunt; aut,
quod se perfunctos iam esse arbitrantur, cum de reo
iudicarunt, negligentius attendunt caetera. Itaque et
maiestatis absoluti sunt permulti, quibus damnatis, de
pecuniis repetundis, lites essent aestimatae: et hoc
quotidie fieri videmus, ut, reo damnato de pecuniis
repetundis, ad quos pervenisse pecunias in litibus
aestimandis statutum sit, eos illi iudices absolvant:
quod cum fit, non iudicia rescinduntur; sed hoc
statuitur, aestimationem litium non esse iudicium.
Scaevola condemnatus est aliis criminibus, frequentis-
simis Apuliae testibus: omni contentione pugnatum
est, ut lis haec capitis aestimaretur. Quae res si rei
iudicatae pondus habuisset, ille postea, vel iisdem vel
aliis inimicis, reus hac lege ipsa factus esset.

167.

Picenis cedunt pomis Tiburtia succo;
Nam facie praestant. Venucula convenit ollis;
Rectius Albanam fumo duraveris uvam.
Hanc ego cum malis, ego faecem primus et allec,
Primus et invenior piper album cum sale nigro
Incretum puris circumposuisse catillis.
Immane est vitium dare millia terna macello
Angustoque vagos pisces urgere catino.
    Magna movet stomacho fastidia, seu puer unctis
Tractavit calicem manibus, dum furta ligurit;
Sive gravis veteri craterae limus adhaesit.
Vilibus in scopis, in mappis, in scobe quantus
Consistit sumptus? Neglectis, flagitium ingens.
Ten' lapides varios lutulenta radere palma
Et Tyrias dare circum illuta toralia vestes,
Oblitum, quanto curam sumptumque minorem
Haec habeant, tanto reprehendi iustius illis,
Quae nisi divitibus nequeant contingere mensis?
Docte Cati, per amicitiam divosque rogatus,
Ducere me auditum, perges quocunque, memento.
Nam quamvis memori referas mihi pectore cuncta,
Non tamen interpres tantundem iuveris.

168.

Oratorem autem instituimus illum perfectum, qui
esse nisi vir bonus non potest: ideoque non dicendi
modo eximiam in eo facultatem, sed omnes animi
virtutes exigimus. Neque enim hoc concesserim, rationem rectae honestaeque vitae (ut quidam putaverunt)

ad philosophos relegandam : cum vir ille vere civilis,
et publicarum privatarumque rerum administrationi
accommodatus, qui regere consiliis urbes, fundare
legibus, emendare iudiciis possit, non alius sit profecto,
quam orator. Quare, tametsi me fateor usurum quibusdam, quae philosophorum libris continentur, tamen
ea iure vereque contenderim esse operis nostri, pro-
prieque ad artem oratoriam pertinere. An, si frequen-
tissime de iustitia, fortitudine, temperantia, ceterisque
similibus sit disserendum, et adeo, ut vix ulla possit
caussa reperiri, in quam non aliqua quaestio ex his
incidat, caque omnia inventione atque elocutione sint
explicanda : dubitabitur, ubicumque vis ingenii et
copia dicendi postulatur, ibi partes oratoris esse
praecipuas ?

169.

Vitellius, capta Urbe, per aversam Palatii partem,
Aventinum, in domum uxoris, sellula defertur ; ut, si
diem latebra vitavisset, Tarracinam ad cohortes fratrem-
que perfugeret. Dein mobilitate ingenii, et (quae
natura pavoris est) cum omnia metuenti praesentia
maxime displicerent, in Palatium regreditur, vastum
desertumque ; dilapsis etiam infimis servitiorum, aut
occursum eius declinantibus. Terret solitudo et
tacentes loci : tentat clausa : inhorrescit vacuis ; fes-
susque misero errore, et pudenda latebra semet oc-
cultans, ab Iulio Placido, tribuno cohortis, protrahitur.
Vinctae pone tergum manus : laniata veste, foedum
spectaculum, ducebatur, multis increpantibus, nullo
illacrymante : deformitas exitus misericordiam abstu-

lerat.   Obvins e Germanicis militibus Vitellium infesto
ictu, per iram, vel quo maturius ludibriis eximeret, an
tribunum appetierit, in incerto fuit ; aurem tribuni
amputavit, ac statim confossus est.   Vitellium, infestis
mucronibus coactum, modo erigere os et offerre con-
tumeliis, nunc cadentes statuas suas, plerumque Rostra,
aut Galbae occisi locum contueri ; postremo ad
Gemonias, ubi corpus Flavii Sabini iacuerat, propulere.
Vox una non degeneris animi excepta, cum tribuno
insultanti, se tamen imperatorem eius fuisse, respondit.
Ac deinde ingestis vulneribus concidit.   Et vulgus
eadem pravitate insectabatur interfectum, qua foverat
viventem.

170.

Sulmo mihi patria est, gelidis uberrimus undis,
Milia qui novies distat ab Urbe decem.
Editus hic ego sum ; nec non ut tempora noris,
Cum cecidit fato consul uterque pari.
Siquid id est, usque a proavis vetus ordinis heres,
Non modo fortunae munere factus eques.
Nec stirps prima fui ; genito sum fratre creatus,
Qui tribus ante quater mensibus ortus erat.
Protinus excolimur teneri, curaque parentis
Imus ad insignes Urbis ab arte viros.
At mihi iam puero caelestia sacra placebant,
Inque suum furtim Musa trahebat opus.
Sponte sua carmen numeros veniebat ad aptos,
Et quod temptabam scribere, versus erat.
Temporis illins colui fovique poetas,
Quotque aderant vates, rebar adesse deos.

Saepe suas volucres legit mihi grandior aevo,
Quaeque nocet serpens, quae iuvat herba, Macer.
Saepe suos solitus recitare Propertius ignes
Iure sodalitii, quo mihi iunctus erat.
Ponticus beroo, Bassus quoque clarus iambis
Dulcia convictus membra fuere mei ;
Et tenuit nostras numerosus Horatius aures,
Dum ferit Ausonia carmina culta lyra.
Vergilium vidi tantum ; nec amara Tibullo
Tempus amicitiae fata dedere mcae.
Successor fuit hic tibi, Galle, Propertius illi ;
Quartus ab his serie temporis ipse fui.

171.

Romanos primo sustinebant in angustiis Lacedaemonii, ternaeque acies tempore uno locis diversis
pugnabant; deinde crescente certamine nequaquam
erat proelium par. Missilibus enim Lacedaemonii
pugnabant, a quibus se et magnitudine scuti perfacile
Romanus tuebatur miles, et quod alii vani, alii leves
admodum ictus erant. Nam propter angustias loci
confertamque turbam non modo ad emittenda cum
procursu, quo plurimum concitantur, tela spatium
habebant, sed ne ut de gradu quidem libero ac stabili
conarentur. Itaque ex adverso missa tela nulla in
corporibus, rara in scutis haerebant; ab circumstanti-
bus ex superioribus locis vulnerati quidam sunt; mox
progressos iam etiam ex tectis non tela modo sed
tegulae quoque inopinantis perculerunt. Sublatis
deinde supra capita scutis continuatisque ita inter se,
ut non modo ad caecos ictus sed ne ad inserendum

quidem ex propinquo telum loci quicquam esset, testudine facta subibant.   Et primae angustiae paulisper
sua hostiumque refertae turba tenuerunt ; postquam in
patentiorem viam urbis paulatim urgentes bostem
processere, non ultra vis eorum atque impetus sustineri
poterant.

172.

Interim in iis, qui ad me tanquam Christiani defere-
bantur, hune sum secutus modum.   Interrogavi ipsos
an essent Christiani : confitentes iterum ac tertio interrogavi, supplicium minatus : perseverantes duci iussi.
Neque enim dubitabam, qualecunque esset quod fater-
entur, pertinaciam certe et inflexibilem obstinationem
debere puniri.   Fuerunt alii similis amentiae : quos,
quia cives Romani erant, adnotavi in urbem remit-
tendos : mox ipso tractatu, ut fieri solet, diffundente
se crimine, plures species inciderunt.   Propositus est
libellus sine auctore, multorum nomina continens, qui
negant se esse Christianos, aut fuisse ; cum praeeunte
me Deos appellarent, et imagini tuae (quam propter
hoc iusseram cum simulacris numinum afferri) thure
ac vino supplicarent : praeterea maledicerent Christo ;
quorum nihil cogi posse dicuntur, qui sunt re vera
Christiani.   Ergo dimittendos putavi.   Alii ab indice
nominati, esse se Christianos dixerunt : et mox nega-
verunt, fuisse quidem, sed desisse : quidam ante
triennium, quidam ante plures annos, non nemo etiam
ante viginti quoque.   Omnes et imaginem tuam, Deor-
umque simulacra venerati sunt ; ii et Christo male-
dixerunt.   Adfirmabant autem, hanc fuisse summam

vel culpae suae, vel erroris, quod essent soliti stato
die ante lucem convenire, carmenque Christo quasi
Deo dicere secum invicem : seque sacramento non in
scelus aliquod obstringere, sed ne furta, ne latrocinia,
ne adulteria committerent, ne fidem fallerent, ne de-
positum appellati abnegarent : quibus peractis morem
sibi discedendi fuisse, rursusque coeundi ad capiendum
cibum, promiscuum tamen, et innoxium.

173.

Nunc age, quid nostrum concentum dividat, audi.
Quem tenues decuere togae nitidique capilli,
Quem scis immunem Cinarae placuisse rapaci,
Quem bibulum liquidi media de luce Falerni,
Coena brevis iuvat et prope rivum somnus in herba ;
Nec lusisse pudet, sed non incidere lndum.
Non istic obliquo oculo mea commoda quisquam
Limat, non odio obscuro morsuque venenat ;
Rident vicini glebas et saxa moventem.
Cum servis urbana diaria rodere mavis ;
Horum tu in numerum voto ruis.   Invidet usum
Lignorum et pecoris tibi calo argutus et horti.
Optat ephippia bos, piger optat arare caballus ;
Quam scit uterque, libens, censebo, exerceat artem.

174.

Sed Corbuloni plus molis adversus ignaviam militum,
quam contra perfidiam hostium erat : quippe Syria
transmotae legiones, pace longa segnes, munia Romanorum aegerrime tolerabant.   Satis constitit, fuisse in

eo exercitu veteranos, qui non stationem, non vigilias
inissent : vallum fossamque, quasi nova et mira, vis-
ereut; sine galeis, sine loricis, nitidi et quaestuosi,
militia per oppida expleta.   Igitur dimissis, quibus
senecta aut valetudo adversa erat, supplementum
petivit : et habiti per Galatiam ac Cappadociam delectus : adiectaque ex Germania legio, cum equitibus
alariis, et peditatu cohortium : retentusque omnis
exercitus sub pellibus, quamvis hieme saeva adeo, ut,
obducta glacie, nisi effossa, humus tentoriis locum non
praeberet.   Ambusti multorum artus vi frigoris, et
quidam inter excubias exanimati sunt.   Annotatusque
miles, qui fascem lignorum gestabat, ita praeriguisse
manus, ut oneri adhaerentes, truncis brachiis decid-
erent.   Ipse cultu levi, capite intecto, in agmine, in
laboribus, frequens adesse : laudem strenuis, solatium
invalidis, exemplum omnibus ostendere.   Dehinc, quia
duritiam coeli militiaeque multi abnuebant, desere-
bantque, remedium severitate quaesitum est.   Nec
enim, ut in aliis exercitibus, primum alterumque delictum venia prosequebatur, sed, qui signa reliquerat,
statim capite poenas luebat.   Idque usu salubre, et
misericordia melius apparuit : quippe pauciores illa
castra deseruere, quam ea, in quibus ignoscebatur.

175.

Ignotum tragicae genus invenisse Camenae
Dicitur et plaustris vexisse poemata Thespis,
Quae canerent agerentque peruncti faecibus ora.
Post hune personae pallaeque repertor honestae
Aeschylus et modicis instravit pulpita tignis

Et docuit magnumque loqui nitique cothurno.
Successit vetus his comoedia, non sine multa
Laude ; sed in vitium libertas excidit et vim
Dignam lege regi ; lex est accepta chorusque
Turpiter obticuit sublato iure nocendi.
Nil intentatum nostri liquere poetae,
Nec minimum meruere decus, vestigia Graeca
Ausi deserere et celebrare domestica facta,
Vel qui praetextas vel qui docuere togatas.
Nec virtute foret clarisve potentius armis
Quam lingua Latium, si non offenderet unum
Quemque poetarum limae labor et mora.

176.

Occasio videbatur rerum novandarum propter ingentem vim aeris alieni, cuius levamen mali plebis
nisi suis in summo imperio locatis nullum speraret.
Accingendum ad eam cogitationem esse. Conando
agendoque iam eo gradum fecisse plebeios, unde, si
porro adnitantur, pervenire ad summa et patribus
aequari tam honore quam virtute possent. In praesentia tribunos plebis fieri placuit, quo in magistratu
sibimet ipsi viam ad ceteros honores aperirent.
Creatique tribuni C. Licinius et L. Sextius promul-
gavere leges omnes adversus opes patriciorum et pro
commodis plebis : unam de aere alieno, ut deducto
eo de capite, quod usuris pernumeratum esset, id quod
superesset triennio aequis portionibus persolveretur;
alteram de modo agrorum, ne quis plus quingenta
iugera agri possideret ; tertiam, ne tribunorum militum
comitia fierent, consulumque utique alter ex plebe

crearetur : cuneta ingentia, et quae sine certamine maximo obtineri non possent. Omnium igitur simul rerum, quarum inmodica cupido inter mortales est, agri pecuniae honorum discrimine proposito conterriti patres cum trepidassent, publicis privatisque consiliis nullo remedio alio praeter expertam multis iam ante certaminibus intercessionem invento collegas adversus tribunicias rogationes conparaverunt. Qui ubi tribus ad suffragium ineundum citari a Licinio Sextioque viderunt, stipati patrum praesidiis nec recitari roga- tiones nec sollemne quidquam aliud ad sciscendum plebi fieri passi sunt.

177.

Cum defensionum laboribus, senatoriisque muneri- bus, aut omnino aut magna ex parte essem aliquando liberatus, retuli me, Brute, te hortante maxime, ad ea studia, quae, retenta animo, remissa temporibus, longo intervallo intermissa, revocavi : et, cum omnium artium, quae ad reetam vivendi viam pertinerent, ratio et dis- ciplina studio sapientiae, quae philosophia dicitur, contineretur ; hoc mihi Latinis literis illustrandum putavi : non, quia philosophia Graecis et literis et doctoribus percipi non posset : sed meum semper iudicium fuit, omnia nostros aut invenisse per se sapientius quam Graecos, aut, accepta ab illis, fecisse meliora, quae quidem digna statuissent, in quibus elaborarent. Nam mores et instituta vitae, resque domesticas ac familiares, nos profecto et melius tuemur et lautius : rem vero publicam nostri maiores certe melioribus temperaverunt et institutis et legibus. Quid

loquar de re militari? In qua cum virtute nostri
multum valuerunt, tum plus etiam disciplina. Iam
illa, quae natura, non literis, assecuti sunt, neque cum
Graecia neque ulla cum gente sunt conferenda. Quae
enim tanta gravitas, quae tanta constantia, magnitudo
animi, probitas, fides, quae tam excellens in omni
genere virtus in ullis fuit, ut sit cum maioribus nostris
comparanda? Doctrina Graecia nos, et omni literarum
genere, superabat: in quo erat facile vincere non re-
pugnantes. Nam, cum apud Graecos antiquissimum
sit e doctis genus poetarum, siquidem Homerus fuit,
et Hesiodus, ante Romam conditam, Archilochus
regnante Romulo; serius poeticam nos accepimus:
annis enim fere DX post Romam conditam, Livius
fabulam dedit, C. Claudio, Caeci filio, M. Tuditano,
consulibus, anno ante natum Ennium, qui fuit maior
natu, quam Plautus et Naevius.

178.

Quidquid sub terra est, in apricum proferet aetas;
Defodiet condetque nitentia. Cum bene notum
Porticus Agrippae et via te conspexerit Appi,
Ire tamen restat, Numa quo devenit et Ancus.
    Si latus aut renes morbo tentantur acuto,
Quaere fugam morbi. Vis recte vivere: quis non?
Si virtus hoc una potest dare, fortis omissis
Hoc age deliciis. Virtutem verba putas et
Lucum ligna: cave ne portus occupet alter,
Ne Cibyratica, ne Bithyna negotia perdas;
Mille talenta rotundentur, totidem altera, porro et
Tertia succedant et quae pars quadrat acervum.

Scilicet uxorem cum dote fidemque et amicos
Et genus et forman regina Pecunia donat,
Ac bene nummatum decorat Suadela Venusque.
Mancipiis locuples eget aeris Cappadocum rex :
Ne fueris hic tu.

179.

Epicurus autem, in quibus sequitur Democritum,
non fere labitur : quamquam utriusque cum multa non
probo, tum illud in primis, quod, cum in rerum natura
duo quaerenda sint, unum, quae materia sit, ex qua
quaeque res efficiatur ; alterum, quae vis sit, quae
quidque efficiat ; de materia disseruerunt ; vim, et
causam efficiendi reliquerunt.   Sed hoc commune
vitium : illae Epicuri propriae ruinae.   Censet enim,
eadem illa individua et solida corpora ferri suo deorsum pondere ad lineam ; hunc naturalem esse
omnium corporum motum.   Deinde ibidem homo
acutus, cum illud occurreret ; si omnia deorsum e
regione ferrentur, et, ut dixi, ad lineam, nunquam
fore, ut atomus altera alteram posset attingere ; itaque
attulit rem commenticiam : declinare dixit atomum
perpaulum : quo nihil posset fieri minus : ita effici
complexiones, et copulationes, et adhaesitationes atom-
orum inter se ; ex quo efficeretur mundus, omnesque
partes mundi, quaeque in eo essent.   Quae cum res
tota ficta sit pueriliter, tum ne efficit quidem quod vult.

180.

Ceterum asperitas locorum et Celtiberis, quibus in
proelio concursare mos est, velocitatem inutilem facie-

bat et haud iniqua eadem erat Romanis stabili pugnae
adsuetis, nisi quod angustiae et internata virgulta
ordines dirimebant et singuli binique velut cum pari-
bus conserere pugnam cogebantur. Quod ad fugam
impedimento hostibus erat, id ad caedem eos velut
vinctos praebebat. Et iam ferme omnibus scutatis
Celtiberorum interfectis levis armatura et Carthagin-
ienses, qui ex alteris castris subsidio venerant, perculsi
caedebantur. Duo haud amplius milia peditum et
equitatus omnis vix inito proelio cum Magone
effugerunt; Hanno, alter imperator, cum eis, qui
postremi iam profligato proelio advenerant, vivus
capitur. Magonem fugientem equitatus ferme omnis
et quod veterum peditum erat secuti decimo die in
Gaditanam provinciam ad Hasdrubalem pervenerunt;
Celtiberi, novus miles, in proximas dilapsi silvas inde
domos diffugerunt.

Peropportuna victoria nequaquam tantum iam con-
flatum bellum, quanta futuri materia belli, si licuisset
iis Celtiberorum gente excita et alios ad arma sollici-
tare populos, oppressa erat. Itaque conlaudato benigne
Silano Scipio spem debellandi, si nihil eam ipse cunctando moratus esset, nactus, ad id quod relicuum
belli erat in ultimam Hispaniam adversus Hasdrubalem
pergit. Poenus cum castra tum forte in Baetica ad
sociorum animos continendos in fide haberet, signis
repente sublatis fugae magis quam itineris modo peni-
tus ad Oceanum et Gades ducit. Ceterum, quoad
continuisset exercitum, propositum bello se fore ratus,
antequam freto Gades traiceret, exercitum omnem
passim in civitates divisit, ut et muris se ipsi et armis
muros tutarentur.

181.

At puer Ascanius mediis in vallibus acri
Gaudet equo, iamque hos cursu, iam praeterit illos,
Spumantemque dari pecora inter inertia votis
Optat aprum aut fulvom descendere monte leonem.
    Interea magno misceri murmure caelum
Incipit, insequitur commixta grandine nimbus :
Et Tyrii comites passim et Troiana iuventus
Dardaniusque nepos Veneris diversa per agros
Tecta metu petiere ; ruunt de montibus amnes.
Speluncam Dido dux et Troianus candem
Deveniunt, prima et Tellus et pronuba Iuno
Dant signum : fulsere ignes et conscius aether
Conubiis, summoque ulularunt vertice nymphae.
Ille dies primus leti primusque malorum
Causa fuit.   Neque enim specie famave movetur
Nec iam furtivom Dido meditatur amorem :
Coniugium vocat, hoc praetexit nomine culpam.

182.

Si meliora dies, ut vina, poemata reddit,
Scire velim, chartis pretium quotus arroget annus.
Scriptor, abhinc annos centum qui decidit, inter
Perfectos veteresque referri debet, an inter
Viles atque novos?   Excludat iurgia finis.
Est vetus atque probus, centum qui perficit annos.
Quid, qui deperiit minor uno mense vel anno,
Inter quos referendus erit?   Veteresne poetas,
An quos et praesens et postera respuat aetas?
Iste quidem veteres inter ponetur honeste,

Qui vel mense brevi vel toto est iunior anno.
Utor permisso caudaeque pilos ut equinae
Paulatim vello et demo unum, demo et item unum,
Dum cadat elusus ratione ruentis acervi,
Qui redit in fastos et virtutem aestimat annis
Miraturque nihil, nisi quod Libitina sacravit.

183.

Principio, male reprehendunt praemeditationem rerum futurarum. Nihil est enim, quod tam obtundat levetque aegritudinem, quam perpetua in omni vita cogitatio, nihil esse, quod accidere non possit; quam meditatio conditionis humanae; quam vitae lex, commentatioque parendi; quae non hoc affert, ut semper moereamus, sed ut nunquam. Neque enim, qui rerum naturam, qui vitae varietatem, qui imbecillitatem generis humani cogitat, moeret cum haec cogitat; sed tum vel maxime sapientiae fungitur munere. Utrumque enim consequitur, ut et, considerandis rebus humanis, proprio philosophiae fungatur officio, et adversis casibus triplici consolatione sanetur: primum, quod posse accidere diu cogitavit; quae cogitatio una maxime molestias omnes extenuat et diluit; deinde, quod humana ferenda intelligit; postremo, quod videt malum nullum esse, nisi culpam; culpam autem nullam esse, cum id, quod ab homine non potuerit praestari, evenerit. Nam revocatio illa, quam affers, cum a contuendis nos malis avocas, nulla est. Non est enim in nostra potestate, fodicantibus iis rebus quas malas esse opinemur, dissimulatio, vel oblivio. Lacerant; vexant; stimulos admovent; ignes adhibent; respirare

non sinunt.   Et tu oblivisci iubes, quod contra naturam
est?   Quod a natura datum est, auxilium extorques
inveterati doloris?   Est enim tarda illa quidem
medicina, sed tamen magna, quam affert longinquitas
et dies.   Iubes me bona cogitare, oblivisci malorum.
Diceres aliquid, et magno quidem philosopho dignum,
si ea bona sentires esse, quae essent homine dignissima.

184.

In puero statim corporis animique dotes explendu-
crunt, magisque ac magis deinceps per aetatis gradus :
forma egregia et cui non minus auctoritatis inesset
quam gratiae, praecipuum robur, quamquam neque
procera statura et ventre paulo proiectiore ; memoria
singularis, docilitas ad omnis fere tum belli tum pacis
artes.   Armorum et equitandi peritissimus, Latine
Graeceque, vel in orando vel in fingendis poematibus,
promptus et facilis ad extemporalitatem usque ; sed ne
musicae quidem rudis, ut qui cantaret et psalleret
iucunde scienterque.   E pluribus comperi, notis quoque excipere velocissime solitum, cum amanuensibus
suis per ludum iocumque certantem, imitarique chiro-
grapha quaecumque vidisset, ac saepe profiteri, *maximum falsarium esse potuisse.*

APPENDIX.

POINTS WORTHY OF SPECIAL NOTICE IN THE PASSAGES.

13. Oratio obliqua.
15. Rhythm in Latin prose.
31. Political ode.   Augustus' military reforms.
41. Roman army.
42. Political.   Augustus' foreign policy.
49. Character of Hannibal.
58. Character of Cato.
64. A day at Rome, *circ.* 100 A.D.
68. Praises of agriculture, inspired by Augustus.
75. Actium.
83. Character of Scipio.
95. The literary circle of Messala.
114. Use of Latin particles.
117. A day in Horace's life.
118. Speech.
124. Livy's intimacy with Augustus.
127. A storm.
131. Livy the aristocrat.
132. Allecto.
137. Origin of Roman comedy.
152. The true Roman spirit.   Cf. Aen., i. 32.
156. Character of Galba.
157. The pre-eminence of the gens Julia.   Cf. vi. 789.
161. Political purpose of the Georgics.
169. Character of Vitellius.
170. Ovid's autobiography.
171. A siege.
181. A storm.

PRINTED BY WILLIAM BLACKWOOD AND SONS.

LIST OF . . .
EDUCATIONAL
WORKS . . .

PUBLISHED BY

WILLIAM BLACKWOOD & SONS

45 GEORGE STREET, EDINBURGH

37 PATERNOSTER ROW, LONDON, E.C.

CONTENTS.

EDUCATIONAL WORKS.

ENGLISH.

A HISTORY OF ENGLISH LITERATURE. For Secondary Schools. By J. LOGIE ROBERTSON, M.A., First English Master, Edinburgh Ladies' College. With an Introduction by Professor MASSON, Edinburgh University. Second Edition, Revised. Crown 8vo, 3s.

OUTLINES OF ENGLISH LITERATURE. For Young Scholars. With Illustrative Specimens. By the SAME AUTHOR. Crown 8vo, 1s. 6d.

ENGLISH VERSE FOR JUNIOR CLASSES. By the SAME AUTHOR. In Two Parts. Crown 8vo, 1s. 6d. net each.

PART I.—Chaucer to Coleridge. PART II.—Nineteenth Century Poets.

ENGLISH PROSE FOR JUNIOR AND SENIOR CLASSES. By the SAME AUTHOR. In Two Parts. Crown 8vo, 2s. 6d. each.

PART I.—Malory to Johnson. PART II.—Nineteenth Century.

ENGLISH DRAMA. For School and College. By the SAME AUTHOR. In 1 vol. crown 8vo. [*In the press.*

PARAPHRASING, ANALYSIS, AND CORRECTION OF SENTENCES. By D. M. J. JAMES, M.A., Gordon Schools, Huntly. Fcap. 8vo, 1s.

Also in Two Parts :—

PASSAGES FOR PARAPHRASING. Fcap. 8vo, cloth limp, 6d.

EXERCISES IN ANALYSIS, PARSING, AND CORRECTION OF SENTENCES. Fcap. 8vo, cloth limp, 6d.

ELEMENTARY GRAMMAR AND COMPOSITION. Based on the ANALYSIS OF SENTENCES. With a Chapter on WORD-BUILDING and DERIVATION, and containing numerous Exercises. New Edition. Fcap. 8vo, 1s

A WORKING HANDBOOK OF THE ANALYSIS OF SENTENCES. With NOTES ON PARSING, PARAPHRASING, FIGURES OF SPEECH, AND PROSODY. New Edition, Revised. Crown 8vo, 1s. 6d.

A MANUAL OF ENGLISH PROSE LITERATURE, Biographical and Critical. By William Minto, M.A., Professor of Logic and English Literature in the University of Aberdeen. Third Edition. Crown 8vo, 7s. 6d.

CHARACTERISTICS OF ENGLISH POETS, FROM CHAUCER TO SHIRLEY. By the Same Author. Second Edition. Crown 8vo, 7s. 6d.

PLAIN PRINCIPLES OF PROSE COMPOSITION. By the Same Author. Crown 8vo, 1s. 6d.

THE LITERATURE OF THE GEORGIAN ERA. By the Same Author. Edited, with a Biographical Introduction, by Professor Knight, St Andrews. Post 8vo, 6s.

A HANDBOOK OF RHETORIC AND COMPOSITION. By J. H. Lobban, M.A., late Examiner in English in the University of Aberdeen, Editor of 'English Essays.' [*In preparation.*

ENGLISH PROSE COMPOSITION: A Practical Manual for Use in Schools. By James Currie, LL.D. Fifty-seventh Thousand. 1s. 6d.

STORMONTH'S ENGLISH DICTIONARY: Pronouncing, Etymological, and Explanatory.

   I. LIBRARY EDITION. New and Cheaper Edition, with Supplement by William Bayne. Imperial 8vo, handsomely bound in half-morocco, 18s. net.

   II. SCHOOL AND COLLEGE EDITION. The Fourteenth. Crown 8vo, pp. 800. 7s. 6d.

   III. HANDY SCHOOL EDITION. New Edition, thoroughly Revised by William Bayne. 16mo, 1s.

SHORT STORIES, FABLES, AND PUPIL-TEACHER EXERCISES FOR COMPOSITION. With Instructions in the Art of Letter and Essay Writing, Paraphrasing, Figures of Speech, &c. Fcap. 8vo. 128 pages. 1s. 3d.

SHORT STORIES FOR COMPOSITION. Second Series. With Lessons on Vocabulary. Third Edition. 112 pages. 1s.

SHORT STORIES FOR COMPOSITION. First Series. With Specimens of Letters, and Subjects for Letters and Essays. Third Edition. 112 pages. 1s.

ONE HUNDRED STORIES FOR COMPOSITION. Told in Alternative Versions. 1s. 3d.

BLACKWOODS' ENGLISH CLASSICS.

With Frontispieces. In Fcap. 8vo volumes, cloth. General Editor—
J. H. LOBBAN, M.A., Editor of 'English Essays'; formerly
Examiner in English in the University of Aberdeen.

MILTON—PARADISE LOST, BOOKS I.-IV. By J. LOGIE ROBERT-
SON, M.A. 2s. 6d. [*Ready.*

COWPER—THE TASK, and Minor Poems. By ELIZABETH
LEE. 2s. 6d. [*Ready.*

JOHNSON—LIVES OF MILTON AND ADDISON. By Professor
J. W. DUFF, M.A. 2s. 6d. [*Ready.*

MACAULAY—ESSAY ON JOHNSON. By D. NICHOL SMITH, M.A.
1s. 6d. [*Ready.*

**GOLDSMITH — TRAVELLER, DESERTED VILLAGE, and
other Poems.** By J. H. LOBBAN, M.A. 1s. 6d. [*Ready.*

CARLYLE—ESSAY ON BURNS. By J. DOWNIE, M.A.

SCOTT—LADY OF THE LAKE. By W. E. W. COLLINS, M.A.

**MILTON—LYCIDAS, L'ALLEGRO, IL PENSEROSO, COMUS,
ARCADES.** By C. J. BATTERSBY, M.A.

Other Volumes to follow.

BLACKWOODS' LITERATURE READERS.

Edited by JOHN ADAMS, M.A., B.Sc., F.C.P., Rector of the Free
Church Training College, Glasgow.

BOOK I. . Price 1s. 0d. | **BOOK III.** . Price 1s. 6d.
BOOK II. . " 1s. 4d. | **BOOK IV.** . " 1s. 6d.

IN COURSE OF PUBLICATION.

BLACKWOODS' SCHOOL SHAKESPEARE.

Edited by R. BRIMLEY JOHNSON. Each Play complete, with
Introduction, Notes, and Glossary. In crown 8vo volumes.
Paper covers, 1s. each ; bound in cloth, 1s. 6d.

The following Plays have been selected for early issue :—

**THE MERCHANT OF
VENICE.** [*Ready.*
RICHARD II. [*Ready.*
JULIUS CÆSAR. [*Ready.*
THE TEMPEST. [*Ready.*
AS YOU LIKE IT. [*Ready.*
MACBETH. [*In the press.*

TWELFTH NIGHT.
**A MIDSUMMER NIGHT'S
DREAM.**
HENRY V.
CORIOLANUS.
KING LEAR.
HAMLET.

LATIN AND GREEK.

HIGHER LATIN PROSE. With an Introduction by H. W. Auden, M.A., Assistant-Master, Fettes College, Edinburgh, late Scholar of Christ's College, Cambridge, and Bell University Scholar. 2s. 6d.
> *⁎* *Key (for Teachers only), 5s. net.*

LOWER LATIN PROSE. By K. P. Wilson, M.A., Assistant-Master Fettes College, Edinburgh. 2s. 6d.
> *⁎* *Key (for Teachers only), 5s. net.*

HIGHER LATIN UNSEENS. For the Use of Higher Forms and University Students. Selected, with Introductory Hints on Translation, by H. W. Auden, M.A., Assistant-Master, Fettes College, Edinburgh, late Scholar of Christ's College, Cambridge, and Bell University Scholar. 2s. 6d.

LOWER LATIN UNSEENS. Selected, with Introduction, by W. Lobban, M.A., Classical Master, Girls' High School, Glasgow. 2s.

LATIN VERSE UNSEENS. By G. Middleton, M.A., Lecturer in Latin, Aberdeen University, late Scholar of Emmanuel College, Cambridge ; Joint-Author of 'Student's Companion to Latin Authors.' Crown 8vo, 1s. 6d.

FIRST LATIN SENTENCES AND PROSE. By K. P. Wilson, M.A., late Scholar of Pembroke College, Cambridge. 1s. 6d.

TALES OF ANCIENT THESSALY. An Elementary Latin Reading Book, with Vocabulary and Notes. By J. W. E. Pearce, M.A., Headmaster of Merton Court Preparatory School, Sidcup; late Assistant-Master, University College School, London. With a Preface by J. L. Paton, M.A., late Fellow of St John's College, Cambridge; Headmaster of University College School, London. 1s.

LATIN HISTORICAL UNSEENS. For Army Classes. By L. C. Vaughan Wilkes, M.A. Crown 8vo, 2s.

ADITUS FACILIORES. An Easy Latin Construing Book, with Complete Vocabulary. By the late A. W. Potts, M.A., LL.D., and the Rev. C. Darnell, M.A. Tenth Edition. Fcap. 8vo, 3s. 6d.

PRACTICAL RUDIMENTS OF THE LATIN LANGUAGE; or, Latin Forms and English Roots. By John Ross, M.A., Rector of the High School of Arbroath. Third Edition. Crown 8vo, pp. 164. 1s. 6d.

STONYHURST LATIN GRAMMAR. By Rev. John Gerard. Second Edition. Fcap. 8vo, pp. 199. 3s.

MANUAL OF GREEK PROSE COMPOSITION. By Gilbert Murray, M.A., Emeritus Professor of Greek in the University of Glasgow. In 1 vol. crown 8vo.   [In preparation.

HIGHER GREEK PROSE. With an Introduction by H. W. AUDEN, M.A., Assistant-Master, Fettes College, Edinburgh, late Scholar of Christ's College, Cambridge, and Bell University Scholar. 2s. 6d.

*** *Key (for Teachers only),* 5s. net.

LOWER GREEK PROSE. By K. P. WILSON, M.A., Assistant-Master in Fettes College, Edinburgh. 2s. 6d.

HIGHER GREEK UNSEENS. or the Use of Higher Forms and University Students. Selected, with Introductory Hints on Translation, by H. W. AUDEN, M.A., Assistant-Master, Fettes College, Edinburgh. 2s. 6d.

LOWER GREEK UNSEENS. With an Introduction by W. LOBBAN, M.A., Classical Master, Girls' High School, Glasgow. [*In preparation.*

GREEK VERSE UNSEENS. By T. R. MILLS, M.A., late Lecturer in Greek, Aberdeen University, formerly Scholar of Wadham College, Oxford; Joint-Author of 'Student's Companion to Latin Authors.' Crown 8vo, 1s. 6d.

GREEK TEST PAPERS. By JAMES MOIR, Litt.D., LL.D., Co-Rector of Aberdeen Grammar School. 2s. 6d.

*** *Key (for Teachers only),* 5s. net.

GREEK PROSE PHRASE-BOOK. Based on Thucydides, Xenophon, Demosthenes, and Plato. Arranged according to subjects, with Indexes. By H. W. AUDEN, M.A., Editor of 'Meissner's Latin Phrase-Book.' Interleaved, 3s. 6d.

A SHORT HISTORY OF THE ANCIENT GREEKS FROM THE EARLIEST TIMES TO THE ROMAN CONQUEST. By P. GILES, M.A., Fellow and Lecturer of Emmanuel College, Cambridge. With Maps and Illustrations. [*In preparation.*

OUTLINES OF GREEK HISTORY. By the SAME AUTHOR. In 1 vol. crown 8vo. [*In preparation.*

ADITUS FACILIORES GRÆCI. An Easy Greek Construing Book, with Complete Vocabulary. By the late A. W. POTTS, M.A., LL.D., and the Rev. C. DARNELL, M.A. Fifth Edition. Fcap. 8vo, 3s.

GREEK TESTAMENT LESSONS FOR COLLEGES, SCHOOLS, AND PRIVATE STUDENTS. Consisting chiefly of the Sermon on the Mount, and Parables of our Lord. With Notes and Essays. By the Rev. J. HUNTER SMITH, M.A., King Edward's School, Birmingham. Crown 8vo, with Maps. 6s.

A MANUAL OF CLASSICAL GEOGRAPHY. By JOHN L. MYRES, M.A., Fellow of Magdalen College, Lecturer and Tutor, Christ Church, Oxford. [*In preparation.*

BLACKWOODS'
ILLUSTRATED CLASSICAL TEXTS.

General Editor—H. W. AUDEN, M.A., Assistant-Master at Fettes College, late Scholar of Christ's College, Cambridge, and Bell University Scholar.

The following Volumes are arranged for:—

CÆSAR—GALLIC WAR, BOOKS I.-III. By J. M. HARDWICH, M.A.

CÆSAR—GALLIC WAR, BOOKS IV.-V. By St J. B. WYNNE WILLSON, M.A. 1s. 6d.   [*Ready.*

VIRGIL—GEORGIC IV. By J. SARGEAUNT, M.A.   [*Ready.*

VIRGIL—ÆNEID, BOOKS V., VI. By St J. B. WYNNE WILLSON, M.A.

OVID—METAMORPHOSES (Selections). By J. H. VINCE, M.A.
                                                   [*Immediately.*
OVID—ELEGIAC EXTRACTS. By A. R. F. HYSLOP, M.A.

HOMER—ODYSSEY, BOOK VI. By E. E. SIKES, M.A.

HOMER—ODYSSEY, BOOK VII. By E. E. SIKES, M.A.

DEMOSTHENES—OLYNTHIACS, 1-3. By H. SHARPLEY, M.A.
                                                   [*Immediately.*

XENOPHON—ANABASIS, BOOKS I., II. By A. JAGGER, B.A.
                                                   [*Immediately.*

CICERO—IN CATILINAM, I.-IV. By H. W. AUDEN, M.A.   [*Ready.*

CICERO—PRO LEGE MANILIA AND PRO ARCHIA. By K. P. WILSON, M.A.

CICERO—PRO CAECINA. By Rev. J. M. LUPTON, M.A.

TACITUS—AGRICOLA. By H. F. MORLAND SIMPSON, M.A.

LIVY—BOOK IX. By J. A. NICKLIN, B.A.

LIVY—BOOK XXVIII. By G. MIDDLETON, M.A.

HORACE—ODES, BOOKS I.-III. By J. SARGEAUNT, M.A.

EURIPIDES—HECUBA. By F. GRIFFIN, M.A.

SALLUST—JUGURTHA. By J. F. SMEDLEY, M.A.

NEPOS—SELECT LIVES. By Rev. E. J. W. HOUGHTON, M.A.

Other Volumes to follow.

MODERN LANGUAGES.

HISTORICAL READER OF EARLY FRENCH, Containing Passages Illustrative of the Growth of the French Language from the Earliest Times to the end of the 15th Century. By HERBERT A. STRONG, LL.D., University College, Liverpool, and L. BARNETT, of Trinity College, Cambridge. [*In the press.*

SELECT PASSAGES FROM MODERN FRENCH AUTHORS (Prose and Verse). With short Literary and Biographical Notices. Part I. — ADVANCED COURSE. Part II. — JUNIOR COURSE. By L. E. KASTNER, B.A., late Scholar of Clare College, Cambridge; Lecturer in Modern Languages at Caius College, Cambridge. 2s. 6d. each.

THE TUTORIAL HANDBOOK OF FRENCH COMPOSITION. By ALFRED MERCIER, L.-ès-L., Lecturer on French Language and Literature in the University of St Andrews. Fcap. 8vo, 3s. 6d.

THE CHILDREN'S GUIDE TO THE FRENCH LANGUAGE. An entirely New Method for Beginners, based upon the gradual acquisition of French Pronunciation, by means of words naturally associated in a child's mind. By ANNIE G. FERRIER, Teacher of French in the Ladies' College, Queen Street, Edinburgh. Crown 8vo, 1s.

FRENCH HISTORICAL UNSEENS. For Army Classes. By N. E. TOKE, B.A. Crown 8vo, 2s. 6d.

A HISTORY OF GERMAN LITERATURE. By JOHN G. ROBERTSON, Ph.D., Lecturer in the University of Strassburg. [*In preparation.*

OUTLINES OF GERMAN LITERATURE. For the Use of Schools. By the SAME AUTHOR. [*In preparation.*

A COMPENDIOUS GERMAN READER. Consisting of Historical Extracts, Specimens of German Literature, Lives of German Authors, an Outline of German History (1640-1890), Biographical and Historical Notes. Especially adapted for the use of Army Classes. By G. B. BEAK, M.A. Oxon., Modern Language Master at The King's School, Bruton. 2s. 6d.

PROGRESSIVE GERMAN COMPOSITION. With copious Notes and Idioms, and FIRST INTRODUCTION TO GERMAN PHILOLOGY. By LOUIS LUBOVIUS, German Master in the Secondary Schools of the Govan School Board, Glasgow; German Lecturer in the Free Church Training College, Glasgow. Crown 8vo, 3s. 6d.

Also in Two Parts:—

PROGRESSIVE GERMAN COMPOSITION. 2s. 6d.

*** *A Key, available for Teachers only. Price 5s. net.*

FIRST INTRODUCTION TO GERMAN PHILOLOGY. 1s. 6d.

LOWER GRADE GERMAN. Reading, Supplementary Grammar with Exercises, and Material for Composition. With Notes and Vocabulary, and Ten Songs in Sol-Fa Notation. By LOUIS LUBOVIUS. Second Edition. 2s. 6d.

**A TREASURY OF THE ENGLISH AND GERMAN LAN-
GUAGES.** Compiled from the best Authors and Lexicographers in both
Languages. By JOSEPH CAUVIN, LL.D. and Ph.D., of the University of
Göttingen, &c. Crown 8vo, 7s. 6d

A SPANISH GRAMMAR. With copious Exercises in Translation and
Composition, and Vocabulary. By WILLIAM A. KESSEN. [*In the press.*

MATHEMATICS.

ARITHMETIC. With numerous Examples, Revision Tests, and Examination Papers. By A. VEITCH LOTHIAN, M.A., B.Sc., F.R.S.E., Mathe-
matical and Science Lecturer E.C. Training College, Glasgow. *With
Answers.* 3s. 6d.

PRACTICAL ARITHMETICAL EXERCISES. FOR SENIOR PUPILS
IN SCHOOLS. Containing upward of 8000 Examples, consisting in great
part of Problems, and 750 Extracts from Examination Papers. Second
Edition, Revised. Crown 8vo, 364 pages, 3s. *With Answers,* 3s. 6d.

ELEMENTARY ALGEBRA. The Complete Book, crown 8vo, 288 pp.,
cloth, 2s. *With Answers,* 2s. 6d. *Answers* sold separately, price 9d. Pt.
I., 64 pp., 6d. Pt. II., 64 pp., 6d. Pt. III., 70 pp., 6d. Pt. IV., 96 pp.,
9d. *Answers* to Pts. I., II., III each 2d. *Answers* to Pt. IV., 3d.

HANDBOOK OF MENTAL ARITHMETIC. With 7200 Examples
and Answers. Large crown 8vo, 264 pp., 2s. 6d. Also in Six Parts, limp
cloth, price 6d. each.

**MODERN GEOMETRY OF THE POINT, STRAIGHT LINE,
AND CIRCLE.** An Elementary Treatise. By J. A. THIRD, M.A.,
Headmaster of Spier's School, Beith. 3s.

EXERCISES IN GEOMETRY. By J. A. THIRD, M.A., Headmaster,
Spier's School, Beith. [*In preparation.*

MENSURATION. 128 pp., cloth, 1s. Also in Two Parts. Pt. I.,
Parallelograms and Triangles. 64 pp. Paper, 4d.; cloth, 6d. Pt. II.,
Circles and Solids. 64 pp. Paper, 4d.; cloth, 6d. *Answers* may be had
separately, price 2d. each Part.

GEOGRAPHY.

ELEMENTS OF MODERN GEOGRAPHY. By the Rev. ALEX-
ANDER MACKAY, LL.D., F.R.G.S. Revised to the present time. Fifty-
fifth Thousand. Crown 8vo, pp. 300, 3s

THE INTERMEDIATE GEOGRAPHY. Intended as an Intermediate Book between the Author's 'Outlines of Geography' and 'Elements of Geography.' By the SAME AUTHOR. Revised to the present time. Twentieth Edition. Crown 8vo, pp. 238. 2s.

OUTLINES OF MODERN GEOGRAPHY. By the SAME AUTHOR. Revised to the present time. One Hundred and Ninety-sixth Thousand. 18mo, pp. 128. 1s.

FIRST STEPS IN GEOGRAPHY. By the SAME AUTHOR. Revised to the present time. One Hundred and Fifth Thousand. 18mo, pp. 56. Sewed, 4d. ; in cloth, 6d.

GEOGRAPHY OF THE BRITISH EMPIRE. By the SAME AUTHOR. 3d.

PHYSICAL MAPS FOR THE USE OF HISTORY STUDENTS. By BERNHARD V. DARBISHIRE, M.A., Trinity College, Oxford.

Two Series—ANCIENT HISTORY AND MODERN HISTORY.

Ready immediately:—

GREECE (ANCIENT HISTORY).

BRITISH ISLES (MODERN HISTORY).

Others in preparation.

A MANUAL OF CLASSICAL GEOGRAPHY. By JOHN L. MYRES, M.A., Fellow of Magdalen College; Lecturer and Tutor, Christ Church, Oxford. *[In preparation.*

POPULAR SCIENCE.

THINGS OF EVERYDAY. A Popular Science Reader on Some Common Things. With Illustrations. Crown 8vo, 2s.

PROFESSOR JOHNSTON'S CHEMISTRY OF COMMON LIFE. New Edition, Revised and brought down to the present time. By A. H. CHURCH, M.A. Oxon., Author of 'Food, its Sources, Constituents, and Uses,' &c. With Maps and 102 Engravings. Crown 8vo, pp. 618. 7s. 6d.

GEOLOGY.

AN INTERMEDIATE TEXT-BOOK OF GEOLOGY. By Professor CHARLES LAPWORTH, LL.D., Mason Science College, Birmingham. Founded on Dr PAGE's 'Introductory Text-Book of Geology.' With Illustrations. Crown 8vo, 5s.

DR PAGE'S ADVANCED TEXT-BOOK OF GEOLOGY. Descriptive and Industrial. Revised by Professor LAPWORTH. *[In preparation.*

BOTANY.

A MANUAL OF BOTANY. Anatomical and Physiological. For the Use of Students. By ROBERT BROWN, M.A., Ph.D., F.R.G.S. Crown 8vo. With numerous Illustrations. 12s. 6d.

A MANUAL OF AGRICULTURAL BOTANY. From the German of Dr A. B. FRANK, Professor in the Royal Agricultural College, Berlin. Translated by JOHN W. PATERSON, B.Sc., Ph.D. With over 100 Illustrations. Crown 8vo, 3s. 6d.

PHYSICAL GEOGRAPHY, &c.

INTRODUCTORY TEXT-BOOK OF PHYSICAL GEO-GRAPHY. With Sketch-Maps and Illustrations. By DAVID PAGE, LL.D., &c., Professor of Geology in the Durham University College of Physical Science, Newcastle. Revised by Professor CHARLES LAPWORTH. Fourteenth Edition. 2s. 6d.

ADVANCED TEXT-BOOK OF PHYSICAL GEOGRAPHY. By the SAME AUTHOR. With Engravings. Third Edition. Revised by Professor CHARLES LAPWORTH. 5s.

A FIRST BOOK ON PHYSICAL GEOGRAPHY. For Use in Schools. 64 pp. 4d.

INTRODUCTORY TEXT-BOOK OF METEOROLOGY. By ALEXANDER BUCHAN, LL.D., F.R.S.E., Secretary of the Scottish Meteorological Society, &c. New Edition. Crown 8vo, with Coloured Charts and Engravings. [*In preparation.*

ZOOLOGY AND PALÆONTOLOGY.

A MANUAL OF ZOOLOGY. By HENRY ALLEYNE NICHOLSON, M.D., D.Sc., F.L.S., F.G.S., Regius Professor of Natural History in the University of Aberdeen. Seventh Edition, rewritten and greatly enlarged. Post 8vo, with 555 Engravings on Wood. Pp. 956. 18s.

TEXT-BOOK OF ZOOLOGY. By the SAME AUTHOR. Fifth Edition, rewritten and enlarged. Crown 8vo, with 358 Engravings on Wood. 10s. 6d.

A TEXT-BOOK OF AGRICULTURAL ZOOLOGY. By FRED. V. THEOBALD, M.A. (Cantab.), F.E.S., Foreign Member of the Association of Official Economic Entomologists, U.S.A., Zoologist to the S.E. Agricultural College, Wye, &c. With numerous Illustrations. Crown 8vo, 8s. 6d.

INTRODUCTION TO THE STUDY OF BIOLOGY. By Prof. H. Alleyne Nicholson. Crown 8vo, with numerous Engravings. 5s.

A MANUAL OF PALÆONTOLOGY, For the Use of Students. With a General Introduction on the Principles of Palæontology. By Professor H. Alleyne Nicholson, Aberdeen, and Richard Lydekker, B.A., F.G.S., &c. Third Edition. Entirely rewritten and greatly enlarged. 2 vols. 8vo, with 1419 Engravings. 63s.

THE ANCIENT LIFE-HISTORY OF THE EARTH. An Outline of the Principles and Leading Facts of Palæontological Science. By Henry Alleyne Nicholson, M.D., D.Sc., F.L.S., F.G.S., Regius Professor in the University of Aberdeen. With a Glossary and Index. Crown 8vo, with 270 Engravings. 10s. 6d.

HISTORY.

COMMENTARIES ON THE HISTORY OF ENGLAND. From the Earliest Times to 1865. By Montagu Burrows, Chichele Professor of Modern History in the University of Aberdeen; Captain R.N.; F.S.A., &c.; "Officier de l'Instruction Publique," France. Crown 8vo, 7s. 6d.

EPITOME OF ALISON'S HISTORY OF EUROPE. For the Use of Schools. 30th Thousand. Post 8vo, pp. 604. 7s. 6d.

THE EIGHTEEN CHRISTIAN CENTURIES. By the Rev. James White. Seventh Edition. Post 8vo. With Index. 6s.

HISTORY OF INDIA. From the Earliest Period to the Present Time. By John Clark Marshman, C.S.I. New Edition, with Map. Post 8vo, pp. 596. 6s.

AGRICULTURE, &c.

MANURES AND THE PRINCIPLES OF MANURING. By Professor C. M. Aikman, M.A., D.Sc. Crown 8vo, 6s. 6d.

FARMYARD MANURE: Its Nature, Composition, and Treatment. By the Same Author. Crown 8vo, 1s. 6d.

JOHNSTON'S ELEMENTS OF AGRICULTURAL CHEMISTRY. From the Edition by Sir Charles A. Cameron, M.D., F.R.C.S.I. Revised and brought down to date by C. M. Aikman, M.A., D.Sc., &c., Professor of Chemistry, Glasgow Veterinary College; Examiner in Chemistry, University of Glasgow, &c. 17th Edition. Crown 8vo, 6s. 6d.

JOHNSTON'S CATECHISM OF AGRICULTURAL CHEMISTRY. From the Edition by Sir C. A. CAMERON. Revised and enlarged by Professor C. M. AIKMAN. With Engravings. 92nd Thousand. Crown 8vo, 1s.

STEPHENS' CATECHISM OF PRACTICAL AGRICULTURE. Twenty-second Thousand, Revised and largely rewritten by JAMES MACDONALD, F.R.S.E., Secretary of the Highland and Agricultural Society; Editor of the Sixth Edition of 'The Book of the Farm.' With numerous Illustrations. Crown 8vo, 1s.

PHYSICAL EDUCATION.

THE ELEMENTS OF PHYSICAL EDUCATION. A Teacher's Manual. By DAVID LENNOX, M.D., late R.N., Medical Director of Dundee Public Gymnasium, and ALEXANDER STURROCK, Superintendent of Dundee Public Gymnasium, Instructor to the University of St Andrews and Dundee High School, Winner of the National Physical Recreation Society's Challenge Shield. With original Musical Accompaniments to the Drill by HARRY EVERITT LOSÉBY. With 130 Illustrations. Crown 8vo, 4s.

ELEMENTARY SERIES.

BLACKWOODS' LITERATURE READERS. See p. 5.

STANDARD READERS.

| BOOK I. . . 8d. | BOOK III. . 1s. 0d. | BOOK V. . 1s. 4d. |
| BOOK II. . . 9d. | BOOK IV. . 1s. 3d. | BOOK VI. . 1s. 6d. |

INFANT SERIES.

FIRST AND SECOND PICTURE PRIMERS, each sewed, 2d.; cloth, 3d.

PICTURE READING SHEETS. First and Second Series. Each containing 16 Sheets, unmounted, 3s. 6d. Also mounted on boards or rollers.

THE INFANT PICTURE READER. 6d.

GEOGRAPHICAL READERS. With numerous Maps, Diagrams and Illustrations.

GEOGRAPHICAL PRIMER. 9d.

BOOK I., 9d.; II., 1s.; III., 1s. 3d; IV., 1s. 6d.; V., 1s. 6d.; VI., 1s. 9d.

HISTORICAL READERS. With numerous Portraits, Maps and other Illustrations.

SHORT STORIES FROM ENGLISH HISTORY. 1s.

BOOK I., 1s.; II., 1s. 4d.; III., 1s. 6d.

A COMPLETE HISTORY OF ENGLAND. For Junior Classes
1s. 4d.

STANDARD AUTHORS. With Notes and Illustrations.
DEFOE'S ROBINSON CRUSOE. 1s. 3d.
MISS MITFORD'S OUR VILLAGE. 1s. 2d.
HAWTHORNE'S TANGLEWOOD TALES. 1s. 2d.
GOLDSMITH'S VICAR OF WAKEFIELD. 1s. 2d.

**THE COMBINED HISTORICAL AND GEOGRAPHICAL
READER.** For Standard III. (Scotch Code). 1s.

HISTORY OF GREAT BRITAIN. With Illustrations and Maps. In
Two Parts, each 1s.

SHAKESPEARE'S PLAYS. Abridged, with Notes. Price 6d. each.
KING RICHARD II., KING HENRY VIII., KING JOHN

AYTOUN'S LAYS OF THE SCOTTISH CAVALIERS. With
Introduction, Notes, and Life of the Author. For Junior Classes.
EDINBURGH AFTER FLODDEN. 32 pages, 2d. ; cloth, 3½d.
THE EXECUTION OF MONTROSE. 32 pages, 2d. ; cloth, 3½d.
THE BURIAL-MARCH OF DUNDEE. 32 pages, 2d. ; cloth, 3½d.
THE ISLAND OF THE SCOTS. 32 pages, 2d. ; cloth, 3½d.

SCHOOL RECITATION BOOKS.
BOOKS I. and II., each 2d.   BOOKS III. and IV., each 3d.
BOOKS V. and VI., each 4d.

MRS HEMANS' POEMS. Selected for Use in Schools. 3d.

GRAMMAR AND ANALYSIS.
BOOKS II. and III., each, paper, 1½d. ; cloth, 2½d.
BOOK IV., paper, 2d. ; cloth, 3d.
BOOKS V., VI., and VII., each, paper, 3d. ; cloth, 4d.

ARITHMETICAL EXERCISES. Thoroughly revised to suit the New
Code, 1897.
BOOKS I. and II., each, paper, 1½d. ; cloth, 2½d.
BOOKS III., IV., V., and VI., each, paper, 2d. ; cloth, 3d.
BOOK VII., paper, 3d. ; cloth, 4d.

₊ *ANSWERS may be had separately, and are supplied direct to Teachers only.*

GRAMMAR AND ANALYSIS. Adapted to the New (Scotch) Code.

> STANDARDS II. and III., each, paper, 1½d. ; cloth, 2½d.
> STANDARDS IV. and V., each, paper, 2½d. ; cloth, 3½d.
> STANDARD VI., paper, 3d. ; cloth, 4d.

NEW ARITHMETICAL EXERCISES. New (Scotch) Code, 1898.

> STANDARDS I. and II., each, paper, 1½d. ; cloth, 2½d.
> STANDARD III., paper, 2d. ; cloth, 3d.
> STANDARD IV., paper, 3d. ; cloth, 4d.
> STANDARD V. and VI., each, paper, 4d. ; cloth, 6d.
> HIGHER ARITHMETIC for Ex-Standard and Continuation Classes. Paper, 6d. ; cloth, 8d.

*** *ANSWERS may be had separately, and are supplied direct to Teachers only.*

MERIT CERTIFICATE ARITHMETIC. Paper cover, 6d. ; cloth, 8d.

MENSURATION. 128 pp., cloth, 1s. Also in Two Parts, each, Paper, 4d. ; cloth, 6d. *Answers* may be had separately, price 2d. each Part.

HANDBOOK OF MENTAL ARITHMETIC. With 7200 Examples and Answers. 2s. 6d. Also in Six Parts, price 6d. each.

ELEMENTARY ALGEBRA. Crown 8vo, 288 pp., cloth, 2s. *With Answers*, 2s. 6d. *Answers*, sold separately, price 9d.

Also sold in Four Parts—

PART I. 64 pp.	.	. 6d.	PART III. 70 pp.	. .	. 6d.
PART II. 64 pp.	.	. 6d.	PART IV. 96 pp.	. .	. 9d.

Answers to Parts I., II., and III., each, 2d. ; *Answers* to Part IV., 3d.

MANUAL INSTRUCTION—WOODWORK. DESIGNED TO MEET THE REQUIREMENTS OF THE MINUTE OF THE SCIENCE AND ART DEPARTMENT ON MANUAL INSTRUCTION. By GEORGE ST JOHN, Undenominational School, Handsworth, Birmingham. With 100 Illustrations. Fcap. 8vo, 1s.

BLACKWOODS' UNIVERSAL WRITING BOOKS. By JOHN T. PEARCE, B.A., Leith Academy and Technical College. No. I., FOR LOWER CLASSES ; No. II., FOR HIGHER CLASSES. Price 2d. each.

BLACKWOODS' SIMPLEX CIVIL SERVICE COPY BOOKS. By the Same. Nos. I.–VIII. Price 2d. each.

WILLIAM BLACKWOOD & SONS, EDINBURGH AND LONDON.

5/00.

WS - #0066 - 160822 - C0 - 229/152/11 - PB - 9780259922544 - Gloss Lamination